広告が憲法を殺す日

国民投票とプロパガンダCM

本間 龍
Homma Ryu
南部義典
Nambu Yoshinori

a pilot of wisdom

はじめに

本間　龍

これではまるで、大挙して襲来するＢ29爆撃機に対し、竹槍《たけやり》で戦うようなものではないか――。

国民投票の仕組みを初めて知った時、そんな衝撃を受けたことを、今でもはっきりと覚えている。太平洋戦争末期のアメリカ軍と日本軍の戦いのように、憲法改正賛成派の圧倒的な「物量作戦」の前に、反対派が為《な》す術《すべ》もなく敗れ去る光景が目に浮かぶようだったからだ。

その「戦い」とは、憲法改正の是非を訴える「広告」をめぐるものである。

近年、改憲論議を目にする機会は確実に増えている。だが、憲法改正に関する議論とは対照的に、発議後に国民の意思を問う「国民投票」については、これまで全くと言ってよいほど議論がされてこなかった。

実を言えば私も、２０１６年の秋頃までは「国民投票法」の詳細を知らなかった。「日本の広告業界に詳しい立場から、現状のルールで国民投票が行われた場合、何が起きるのかをシミュレーションしてほしい」と、ジャーナリストの今井一《いまいはじめ》氏に依頼を受け、初めて2007年に成立した「国民投票法」と向き合うことになったのである。

そこで私が愕然《がくぜん》としたのは、現行制度に国民投票運動期間（通常の選挙での「選挙期間」）中の「キャンペーン資金」や「広告」に関する規制がほぼ無いことであった。

賛成・反対の投票を呼びかけるテレビCMだけは投票日の14日前から放送が禁止されるが、それ以外の規制は一切ない。ネットを含め、あらゆるメディアで広告宣伝活動が自由だというのには肝を潰した。

というのも、「規制がない」「自由」という言葉は聞こえがいいが、裏を返せば「カネさえあれば圧倒的な量のテレビCMを放映できる」「あらゆる広告手段を使って宣伝活動ができる」ということであるからだ。つまり、資金量に明確な差がある場合、片方の陣営が圧倒的に有利になるということを意味している。

これでは真に公平な土俵にならない。改憲キャンペーンに注がれる「資金力」と「広告力」で国民投票の結果が左右されてしまうのではないか。冒頭に述べた「物量作戦」とは、憲法改正が圧倒的なカネと広告の力に支配された景色であり、私の中に深刻な危機感が目覚めた瞬間だった。

私がこれほど強い問題意識を抱くことには理由がある。それは、かつて広告代理店で働いていた経験から、「広告の力」の恐ろしさと、ごく一部の巨大広告代理店に支配された業界の特殊性を実感として理解しているからだ。

広告とは、言葉、映像、音楽、デザイン等のありとあらゆるテクニックを駆使して人々の思考や意識を「誘導」する技術だ。そんな広告の力が、日本の「原発政策」に関する議論を大きく歪《ゆが》めている実態を、私は『電通と原発報道』(亜紀書房、2012年)、『原発プロパガンダ』(岩波新書、2016年)といった本で追及してきた。

電力会社を中心とした「原子力ムラ」と広告代理店が一体となり、巨額の広告費を通じて国民に「安全神話」の刷り込みと、「反原発」を訴える報道を間接的に封じ込める機能を担ってきた。その結果、この国は未曽有の原子力事故を経験してしまったのである。

それと同じことが、憲法改正をめぐる国民投票で起きればどうなるのか。

国会発議が行われ、いざ国民投票となった場合、その時点で改憲・護憲どちらに投票するかを決めていない人々は、参考意見を探してさまざまなメディアに接触するだろう。投票までの期間は60~180日と非常に長く、その間、テレビ・ラジオ・新聞・雑誌・インターネットを総動員しての大「広告合戦」が展開された場合、広告宣伝こそがその雌雄を決する最大の要因となるのだ。

だが、この「広告を武器にした戦い」には数十、数百億円単位のカネがかかる。そして本文で詳しく説明する通り、与党には資金量が豊富な支援団体や有力企業との強力なパイプがあり、自民党を中心とした改憲賛成派の方が、資金面で圧倒的に優位に立つのは明らかだ。

しかも、世界最大の広告代理店である電通と自民党は、元はといえば日本がアメリカから独立した頃からの付き合いだ。国民投票となれば、電通が賛成派の広告宣伝を請け負うことになる。豊富な資金と、賛成派だけが持つ「発議スケジュール」さえあれば、電通はあらゆるメディアの優良広告枠を事前に買い占め、賛成派の広告ばかりが目立ち、改憲反対派の広告がほとんど目につかないような状況を作り出すことができるだろう。

自由を最大限尊重する資本主義社会においても、さまざまな競争場面において細かな

「ルール」が存在している。強者の一方的有利を抑え、競争あるいは対立する側との間で公平を期すシステムが欠かせないからだ。

それがわかっているからだろう。先進7か国のうち、国民投票制度のある国で広告規制がないのは、日本以外ではカナダだけだ。

今回、民主党代議士の政策秘書として、2005年から国民投票法（民主党案）の起草に深く関わり、法案の成立過程をよく知る南部義典氏と対話をする機会を得た。南部氏は法案成立後も国民投票制度の研究を続け、現在はシンクタンク「国民投票広報機構」の代表を務めている。

すでに述べたように、私の不安はかつて広告代理店に勤務した経験と、原発プロパガンダを調査した実感からくるものだ。そこへ、日本の行政に精通し、海外制度も含めて国民投票法に最も詳しい南部氏の知見が加わることで、問題がはっきりとした輪郭を持って浮かび上がってきた。法的に望ましい規制の在り方や、海外のとても練られた国民投票制度を知ることができたのは、私にとっても大きな収穫だった。

本書の構成は以下の通りだ。

第1章では、現行の「国民投票法」について、その中身や立法理念を南部氏から伺った。第2章では私から、日本の広告業界の実態と、70年に及ぶ自民党と広告代理店の関係について解説。

第3、4章では、そうした議論をふまえて「このまま国民投票が行われたら何が起きるのか」を具体的にシミュレーションした。

続く第5、6章では、EU離脱の国民投票（2016年）を実施したイギリスなど、海外の国民投票制度との比較を行い、日本の国民投票制度の改善案を提示した。

ただし、「何が問題なのか、まずはエッセンスだけ先に知りたい」という読者には、とりあえず第3章と第6章を読んでいただければ、私の危機感が理解してもらえるのではないかと思う。

一見、国民投票法と広告には何の関連もないように見える。しかし現代の高度に発達した情報社会において広告の果たす役割は絶大であり、有権者の投票行動にも多大なインパクトを与える。それが日本の民主主義にどのような影響を与えるのか。そして望ましい国民投票の在り方とはどんなものなのか。皆さんも一緒に考察していただければ幸甚である。

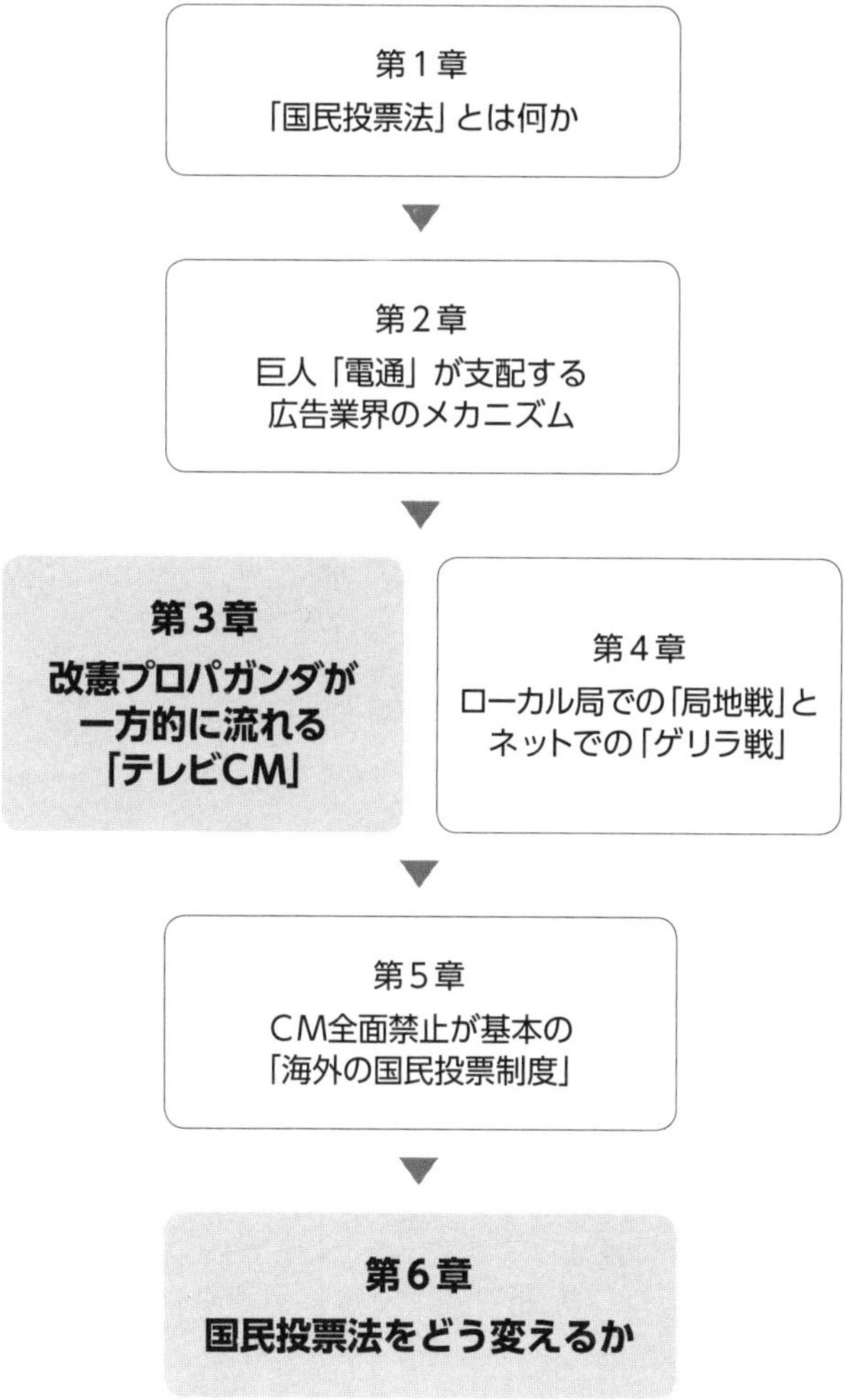
第１章
「国民投票法」とは何か
第２章
巨人「電通」が支配する
広告業界のメカニズム
第３章
改憲プロパガンダが
一方的に流れる
「テレビCM」
第４章
ローカル局での「局地戦」と
ネットでの「ゲリラ戦」
第５章
CM全面禁止が基本の
「海外の国民投票制度」
第６章
国民投票法をどう変えるか

目次

はじめに　本間　龍　3

第1章　「国民投票法」とは何か　17

「国民投票」なんて誰も気にしていない
60年間も棚上げされていた「国民投票法」
憲法論議がタブーだった戦後日本
なぜ憲法改正だけ、国民投票が必要なのか
2005年にはあった「与野党間の真摯な合意形成」
「メディア規制ゼロ」を主張していた民主党
言論・表現の自由という「美しい理想」を優先した結果

「投票日前14日以後CM禁止」の抜け道
国民投票版「政見放送」は、未検討のまま
代理店にとってオイシイ話だらけの国民投票

第2章　巨人「電通」が支配する広告業界のメカニズム

発議から投票まで、なぜ「最長180日」もあるのか？
国民投票「特需」に大きく期待する広告業界
なぜ「大手広告代理店」が必要なのか？
日本の大手広告代理店は「広告ビジネスの総合デパート」
「電通支配」が存在すると言える理由
海外では当然の「一業種一社制」がない、日本の広告業界
自民と電通は、日本がアメリカから独立した時以来のタッグ
電通は自民党を裏切らない

第3章　改憲プロパガンダが一方的に流れる「テレビCM」

改憲賛成派の圧倒的有利をもたらす「スタートダッシュ」
改憲反対派に気取られない「ダミー名義」
コンテンツ制作も賛成派が有利
反対派が博報堂に相手にされない可能性
通常の選挙よりもCMが多くなる
事前運動を堂々と行える「意見広告」
CMを認知させるには最低40億は必要
巨額の政治献金が、賛成派を後押しする
フロント団体を受け皿にするという「裏ワザ」
代理店が「政治献金集め」を手伝う可能性
リベラルの「困った時の吉永小百合だのみ」は実現可能なのか?

第4章

ローカル局での「局地戦」とネットでの「ゲリラ戦」

東京人の知らない「地方ローカルCM」の世界
値段も安く、審査も緩いローカルCM
ローカル局にとって、電通は「永遠の父であり母」
「電通に足を向けては寝られない」
新聞に「社説」があることの意味
広告だと悟らせない、ネット広告という「ゲリラ戦」
賛成派のCMだけ安く提供される？
北朝鮮のミサイル映像と共に「改憲しないとこの国を守れない！」
ゴリ押しに抵抗できないテレビ局「審査部」
「忖度」の影響は番組内容にも
相手の「良識」を頼りにしてはならない

ネットの信頼度はテレビの半分以下

第5章　CM全面禁止が基本の「海外の国民投票制度」――149
ナチスへの反省から、国民投票制度がないドイツ
イギリスの制度①「CM全面禁止」と「運動資金の厳格な管理」
イギリスの制度②　各派の「代表チーム」に与えられる特権
それでもイギリス人は後悔した
広告の達人・ナチスの下での「国民投票」が語ること
日本の国民投票はアメリカの大統領選に似ている？

第6章　国民投票法をどう変えるか――165
国民投票法改正の3つのポイント
法案作成時は、CMなんて気にしていなかった

風向きを一気に変えた、故・天野祐吉氏の国会証言
国会の決議を無視し続ける「民放連」
本間私案「CM全面禁止」「資金の規制、会計の透明化」
南部私案「個人・団体の登録」「バジェットキャップ」
南部私案「条件付きCM可のA案」「CM全面禁止のB案」
ファクトチェック機関が必要だ
憲法改正より前に、「ルール整備」に関する国民的議論を

おわりに　南部義典 ―― 194

第1章　「国民投票法」とは何か

「国民投票」なんて誰も気にしていない

南部　本間さんの著書『原発プロパガンダ』を読みました。この中で描かれている、原発広告がメディアと報道をいかに歪めてきたかという話は本当に衝撃的で、問題の深刻さを再認識させられました。

私は民主党議員の政策秘書として2005年から国民投票法（日本国憲法の改正手続に関する法律）の草案作りに関わり、以降も一貫して制度の研究を続けています。結果、広告という観点で見たとき、現行の国民投票法には大きな欠陥が潜んでいるのではないかという多くの批判をいただくに及び、研究者として今なお、苦悩の日々を過ごしています。ぜひご意見を伺いたいと思っていました。

ところで、本間さんはこれまでに憲法改正、あるいは国民投票について関心を持ったり、研究されたことはありましたか？

本間　お恥ずかしい話なのですが、1年ほど前まで全くありませんでした。

もちろん僕も「憲法改正」に関する議論についてはずっと気にしていたし、憲法改正の

憲法改正手続きの流れ

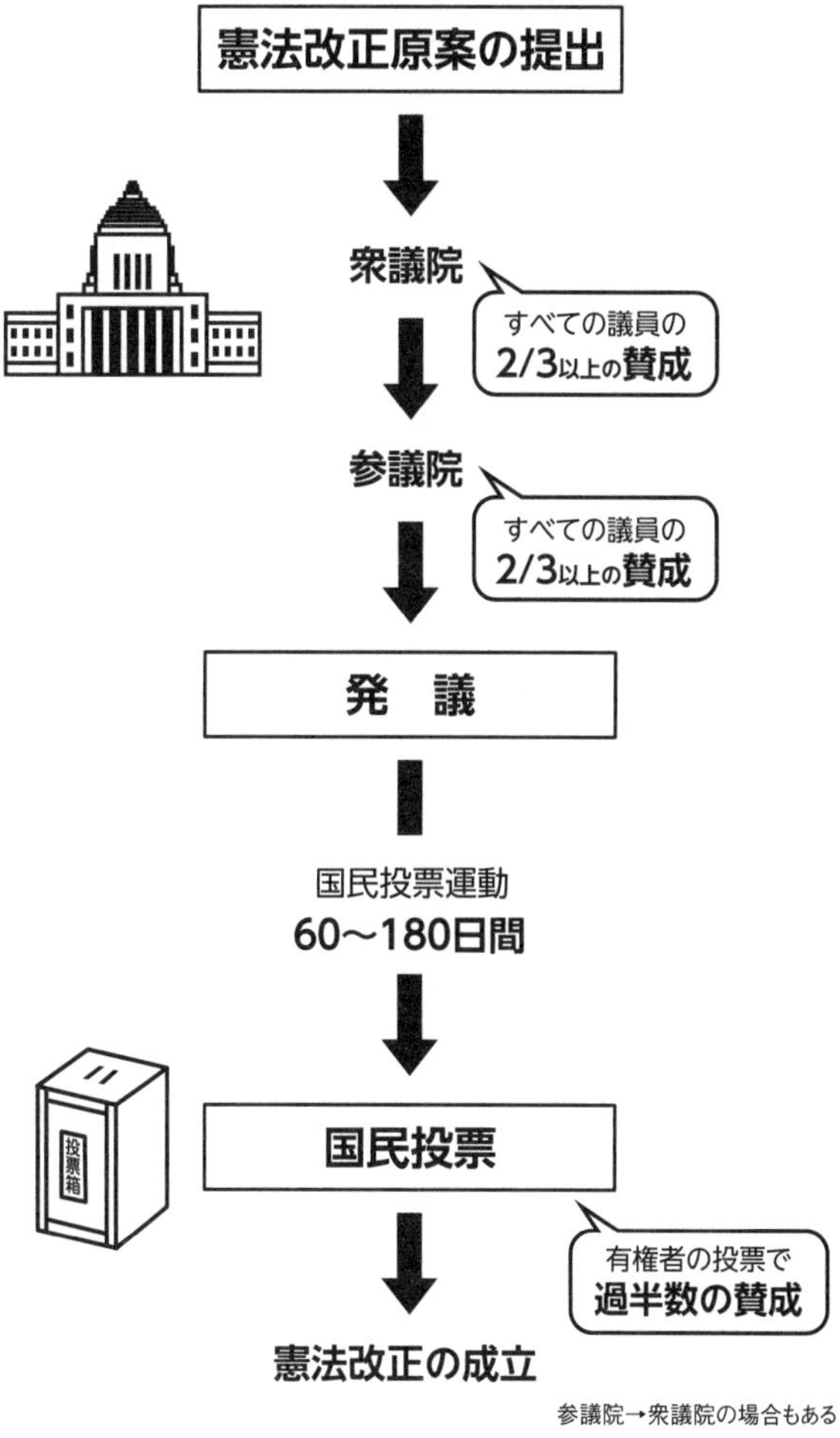
憲法改正原案の提出
衆議院
すべての議員の
2/3以上の賛成
参議院
すべての議員の
2/3以上の賛成
発　議
国民投票運動
60〜180日間
投票箱
国民投票
有権者の投票で
過半数の賛成
憲法改正の成立
参議院→衆議院の場合もある

「発議」には国会で3分の2以上の賛成が必要だということも知っていました。でも、その3分の2のことばかり気にしていて、改憲案が「発議された後」のことは想像もしていなかった。当然、その国民投票の具体的な中身なんてよく知りませんでした。

南部　そうでしたか。簡単に説明すると、憲法改正は、①衆議院と参議院で総議員の3分の2以上の賛成で「発議」され、②その後の国民投票で過半数の賛成を得る、というふたつのステップが必要です。

いみじくも「よく知らなかった」とおっしゃいましたが、多くの人がそうだと思います。衆参の総議員「3分の2以上の賛成」という発議の要件は知られていても、次の段階である国民投票までの流れについては、テレビであまり報じられていないこともあって、意外と知られていませんね。そもそも、憲法改正では必ず国民投票が行われるということすら、周知されているとは言いがたい印象です。

本間　ところで、知らなかったついでに、素朴な疑問があるのですが。国民投票のルールを定めた「国民投票法」は、2007年に国会で成立したのですよね。南部さんは、民主党議員の政策秘書として、その法案づくりの議論に関わったと。つまり、それ以前には

「国民投票の具体的なルールが全く存在しなかった」ということになるわけですか？

南部 実はそうなのです。憲法改正をめぐる特殊な歴史的背景を理解するためにも、まずはそこから振り返ってみましょう。

60年間も棚上げされていた「国民投票法」

南部 憲法改正の手続きは憲法96条で定められていますが、条文は「総議員の3分の2以上の賛成」「国民投票」「過半数の賛成」といった手続きの骨格を示すだけで、詳しいことは何も書いていません。

例えば、「国民投票は何歳以上の者が投票できるのか」「国会で発議してから、どれぐらいの期間を経て国民投票が行われるのか」

> **【憲法96条】**
> （1項）この憲法の改正は、各議院の**総議員の三分の二以上の賛成**で、国会が、これを発議し、国民に提案してその承認を経なければならない。この承認には、特別の**国民投票**又は国会の定める選挙の際行はれる投票において、その**過半数の賛成**を必要とする。
> （2項）憲法改正について前項の承認を経たときは、天皇は、国民の名で、この憲法と一体を成すものとして、直ちにこれを公布する。

「国民投票に向けて、市民はどういう運動が許されるのか（許されない運動は何か）」「投票は、憲法改正案ごとに個別に行うのか、一括で行うのか」「投票用紙はどんな様式で、どのように記載すればいいのか」など、国民投票に関する具体的なルールは明らかではないのです。

本間　その具体的な手続きは「憲法にきちんと書いておくべきこと」なのですか？

南部　必ずしもそうとは言えません。「憲法」というのは基本的な統治のルールを定めるもので、具体的な制度内容は「法律」で別に定めればいいのですね。

これは国民投票に限った話ではありません。例えば選挙制度は「公職選挙法」という法律で具体的な内容を定めていますし、国権を司《つかさど》る各機関についても、国会なら「国会法」、内閣なら「内閣法」、司法に関しては「裁判所法」、その他「地方自治法」や「教育基本法」など、憲法の規定を具体化する法律が整備されています。

現行憲法は1946年（昭和21年）11月3日に公布され、翌1947年5月3日に施行されました。調べていただければ分かりますが、今、私が挙げたいくつかの法律は1947年5月3日、つまり憲法の施行と同時にスタートしているのが分かります。

本来は、国民投票法も憲法の施行に間に合うよう整備されていればよかったのです。しかし、国民投票法は先送りされ、その後２００７年5月まで60年間も整備されない状態が続きました。

本間　なるほど。しかし、その後60年間もほったらかしというのは、さすがに長すぎますよね。改憲の手続きを定めた憲法96条があるわけだから、国民投票についても「ちゃんと法整備をしなきゃ」という議論にはならなかったのでしょうか？

南部　実は、過去に一度だけチャンスがあったのです。戦後間もない１９５３年（昭和28年）、吉田茂内閣の時です。当時、「やはり国民投票法が整備されていないのはおかしい」という話になり、政府の中で国民投票法案を検討しました。ところが、法案の国会提出は見送られ、国民投票法の整備は幻に終わります。

本間　それはどうしてですか。

憲法論議がタブーだった戦後日本

南部　１９５０年、ＧＨＱの指示で「警察予備隊」が設立され、それが現在の陸上自衛隊の母体である「保安隊」に改編されたのが1952年です。吉田内閣の下で法案が検討された1953年といえば、その翌年です。憲法9条と再軍備に関する議論は当時、かなりデリケートな問題となっていました。

そんな中、内閣として法案を国会に提出し成立させるとなると、「憲法を改正して、日本は再軍備の道に進むのではないか」と、世論がネガティブに反応する可能性が大きかった。吉田内閣はそれを恐れて、国会提出の方針をあっさり撤回してしまったのです。

法案を見送ったことは、その後も政治的に大きなトラウマとなりました。約半世紀もの間、国会や政府の中で国民投票法の整備に向けた議論は止まってしまった。政治家が憲法について触れること自体がある種のタブーと化したのです。少なくとも、平成初期までは憲法改正を口にするだけで「右翼だ」「軍国主義だ」といった批判が避けられない政治状況がみられました。

本間　1955年（昭和30年）に自由党と日本民主党が合併して今の「自由民主党」ができた時、憲法改正を結党理念のひとつに掲げていました。その自民党が長期政権を実現していた時期でさえ、改憲どころかそのための制度づくりである国民投票法の整備までが一種のタブーになっていたわけですね。

南部　本間さんの指摘の通り、自民党は結党以来、憲法改正を「党是」としていて、1972年、1982年、2005年に「憲法改正大綱草案」「日本国憲法総括中間報告」「新憲法草案」といった憲法改正についての党の公式見解を発表しています。しかし、国会で現実に発議をするといったことを念頭に置いた議論はほとんど無かったと言っていいでしょう。なにしろ、憲法改正の手続きに関する法律そのものが無かったわけですから、議論はリアリティを持たない。

自民党は2012年にも「改正草案」を発表しましたが、この通りの改正を目指すかどうかについても、結局、党内ではコンセンサスがとれませんでした。2017年12月には、憲法改正に関する党内の考えをまとめた論点整理を公表しましたが、自衛隊明記については「両論併記」で、意見集約には程遠い印象を与えましたね。自民党の紆余曲折《うよきょくせつ》ぶりはそのまま、この国における「憲法論議」の難しさを表しているとも言えます。

なぜ憲法改正だけ、国民投票が必要なのか

本間　せっかくだから、この機会に素朴な疑問をもうひとつ。法律でも予算案でも、たいていのことは国会で決めているのに、なぜ憲法改正だけは国民投票が必要なのですか？

南部　ドライな答え方をすると、「憲法96条にそう書いてあるから」ということに尽きます。では、なぜ憲法にそう書いてあるのかというと、これは現行憲法が「国民主権」という原理に則《のっと》っているからなんですね。

そもそも、明治憲法から現行憲法に転換する時に、国の主権者が天皇から国民に変わりましたよね。「国民主権」とは何かといえば、国民が憲法を制定／改正する権力を持っているという思想を根拠に、国政の最高決定権が国民にあることを意味しています。

また、立憲主義という言葉は近年、よく知られるようになりました。特に、近代立憲主義における憲法とは、「国が国民を縛るものではなく、国民が権力を縛るものであり、憲法はそのための道具である」という考え方に立っています。まとめて申し上げれば、「権力を縛る道具である憲法」を制定したり、改正する権利を持っているのは、主権者である

「国民」なのだ、ということになります。

本間　なるほど。

南部　ただし、理屈の上では「国民に憲法を改正する権利がある」としても、実際に国民全員が集まって憲法の議論をして、改正を決めるなんて物理的に不可能ですよね。そんな時間も場所もないし、議長役がいない。

そこで憲法は、私たちが国会に送った代表者（議員）の集まりである「国会」が改正案をまず決めて、それを国民に提案する方式を採っています。これがいわゆる憲法改正の「発議・提案」という行為で、そうして発議された案について国民の承認を得ることを求めているのです。

ちなみに、「法律」は衆参両院で過半数の賛成があれば制定や改正が可能で、「憲法」の方が格段にハードルが高い。この改正手続きの厳格さを指して、日本国憲法は「硬性憲法」と言われます。もし、法律と同じだとしたら、政権が代わるたびに憲法改正の発議が行われるおそれがあります。憲法の運用が不安定になることがないよう、容易に改正しづらい仕組みになっているんですね。

2005年にはあった「与野党間の真摯な合意形成」

南部　話を元に戻しますが、戦後の日本では長年、議論すら憚《はばか》られるほど、憲法改正論議がタブー視されてきました。そして、そんな「特殊な歴史」を背景に、国民投票法の整備に向けた議論さえ行われてこなかった。

しかし90年代になると、湾岸戦争などを経て、自衛隊は今のままでいいのかという議論が起きるようになってきました。「憲法改正の手続きすら明確でないのはさすがにまずい」ということになり、ようやく状況が変わり始めたのが2000年のこと。この年、衆参両院に「憲法調査会」という組織が設けられ、初めて国会で「憲法そのもの」を議論する場が作られたのです。

憲法調査会は5年間の議論を経て、2005年に「国民投票法を早急に整備すべきという意見が多数出た」という『報告書』を仕上げます。これが国民投票法制定に向けた直接のきっかけになりました。

憲法調査会が立ち上がる前の国会は、いま以上に「憲法改正に賛成か反対か」という抽象的な二分論で語られがちで、互いの意見を封殺することしか能がない状況でした。与野党が憲法調査会という共通のテーブルに着いたことは、とても画期的なことだったといえます。野党の側も、肩の力が抜けたというか、素の考えがさらけ出せるようになったというか。

本間　なるほど。かつての野党第一党である日本社会党は「おたかさん」（故・土井たか子社会党委員長）に象徴される「護憲一辺倒」だったけど、当時の民主党には鳩山由紀夫や小沢一郎など「元自民党」という人も少なくない。その民主党が野党第一党となったことで、「野党第一党」＝「改憲絶対反対」という構図が崩れて、タブーの「封印」が解けたと。

南部　今振り返れば、憲法調査会は慎重で丁寧な運営がされていましたね。自民・公明の与党が、野党の言い分にも耳を傾け、尊重することが、当時では当たり前に考えられていました。

本間　10年以上前のこととはいえ、自民・公明の与党が「野党の言い分に耳を傾ける」って、今ではちょっと想像しづらいような話だなぁ。

南部　たしかに、国民投票法という法律を一本整備するだけですから、野党の協力がなくてもこなせたでしょう。しかし、敢《あ》えて「力わざ」を繰り出さなかったのは、国民投票法の整備が、将来の憲法改正の発議に向けた「リハーサル」ないし「テストケース」として見られていたからです。

つまり、憲法改正の手続きを定める法律でさえ、野党第一党を含む幅広い合意ができないならば、まして憲法改正の発議など実現できるはずがないと。それだけ、憲法96条が定める「3分の2」のハードルというのは、政治的には高く立ちはだかるものなのですね。

「メディア規制ゼロ」を主張していた民主党

本間　その憲法調査会では、どんなことが話し合われたのですか？　与野党でどんな違いがあったのでしょう？

南部　憲法調査会は、先述の通り「国民投票法を早急に整備すべき」という報告書を出し、その活動を終えています。国民投票法に関する具体的な与野党協議が始まったのは、2005年9月のこと。憲法調査会の後継組織となる「憲法調査特別委員会」が衆議院に設置されてからです。
憲法調査特別委員会で話し合われたテーマは多岐にわたりました。「現時点で国民投票法を制定する必要があるのか?」といったそもそも論から始まって、「憲法改正の発議と国民投票法整備の議論を切り離して行うべきか?」「憲法の〝全面改正〟は可能なのか?」「国政選挙と国民投票は同時に行えるのか?」など、協議は総論的内容から入りました。そして、「年齢など、投票権者の資格要件をどう定めるのか?」「国会の発議から投票日まで、どのくらいの期間を置くべきか?」「憲法改正案の広報の仕組みをどう整備すべきか?」といった各論へと続きました。

本間　そうか、国民投票のやり方については60年間放っておいたから、何から何までイチから議論しなければならなかったのですね。

南部　そうです。国民投票権年齢についても、「満20歳以上」を主張する自民・公明両党と、「満18歳以上」を主張する民主党で、当初は意見が分かれました。結果的には「18歳国民投票権」を採用することで、合意が整いましたが。

本間　私がその議論の中で気になるのは、「広告や広報の仕組みをどう整備するか」というところです。テレビCMについても議論はされたのですか？

南部　憲法調査特別委員会における議論には、「国民投票とメディア」に関する論点も含まれていました。主な対立は、自民・公明の与党案では、「メディア規制」の可能性に一定の含みを持たせていたのに対して、民主党案は当初、「メディア規制は行わない」という原則を明確に打ち立てていたという点です。

言論・表現の自由という「美しい理想」を優先した結果

本間　それは意外ですね。今では、立憲民主党が広告規制の必要性に言及していますが。

南部　自民・公明両党が当初主張していたメディア規制には、公職選挙法にならった「虚偽報道の禁止」などが含まれていました。

それに対し、民主党はできるだけ制限をなくし、「自由闊達《かったつ》な言論空間を守る」ということを訴えた。憲法改正案に対する賛成・反対の投票を勧誘することを「国民投票運動」と言うのですが、せっかくゼロベースから制度を組み立てるのだから、自由を重んじ、国民投票運動が盛り上がってさまざまな議論が巻き起こることが第一（国民投票運動の原則自由）、という方針を打ち立てたのです。

本間　長年、広告業界にいた僕としては、すでにこの時点で心配になってしまうわけです。つまり、自民は今で言うフェイクニュース規制を主張して、民主はそれすら反対だと言っていた。そんなに緩い「自由な」ルールだったら、多くの人に手っ取り早く宣伝できるのはテレビCMなのだから、国民投票運動が結果的に「CM合戦」になるのでは、という懸念は頭のどこかになかったんですか。

南部　正直なところ、意識されていなかったと思います。ともかく、国民投票に向けて国民全体の「自由闊達な言論空間を作る」というのが最優先で、それに対して公権力が規制を行うようなことは極力避けようという立法哲学があったんですね。ですから、広告というのも言論・表現の一形態であり、CMに関してもまずは「広告主の言論・表現の自由を最大限保障する」というのが大原則

「国民投票運動」とは

- 国会で発議された憲法改正案に対して、「賛成しよう／反対しよう」と「**勧誘**」する行為のこと（国民投票法100条の2）
- 「憲法改正反対」とデモをするのも国民投票運動になるし、自宅でニュースを見ながら「やっぱり憲法は変えないとな」と**家族に投票を促す**のも国民投票運動になる

でした。

本間　たしかに、自分の考えを訴えるための「意見広告」というジャンルはあるし、広告も表現のひとつだから、「広告規制を作らないことは言論・表現の自由を守るための行為」と言われればそうかもしれない。美しい考え方だと思うけれど、広告マネーで報道機関の議論が歪められる現場を見てきた私からすれば、それが実現するとは到底思えないですね。

南部　おっしゃる通りです。今振り返ると、議論を詰め切れなかったことは悔やまれます。ただ、ここで敢えて、国民投票法の「美しい立法哲学」について説明すると、その背景には規制ずくめでがんじがらめに縛られた現行の「公職選挙法」に対する、明確なアンチテーゼがあったんです。

本間　「公職選挙法」へのアンチテーゼというと？

南部　私自身、議員秘書だった頃に実体験をしていますが（苦笑）、選挙運動って本当にルールにがんじがらめで、公職選挙法によって厳しく規制されているんですね。

例えば、選挙用に作るビラやポスターは、すべてサイズや枚数、様式が決まっています。

ビラには、選挙管理委員会が発行する証紙（シール）を貼りますが、それも枚数を厳格に管理するためで、勝手に増刷するのは違法行為です。ビラ配りなどをするボランティア運動員はみな、腕章を着用していますが、あれも人数を管理するため。選挙公報の原稿も、イラストは割当て面積の半分以下にしなければいけません。選挙運動期間中に、ホームページなどを更新してはいけないという時代もありました。

候補者が選挙戦に使える資金にも、その上限が定められています。選挙後は、適正に収支報告をしなくてはいけません。虚偽の報告をすれば、罰則の適用があります。理由は簡単で、選挙資金に一定の制限をかけなければ、資金を持つ側が持たざる側に対して優位に立つことになり、結果的に「金権選挙」をもたらすおそれがあるからです。

本間　それはそうですね。

南部　一方、選挙と国民投票にははっきりした違いがあります。国民投票は、国会が発議した憲法改正案について、賛成、反対のいずれかを択《えら》ぶものです。通常の選挙と違って、「候補者」とか「政党」といった、固定された運動主体が存在しない。投票の対象が、人ではないのです。

国民投票は 普段の選挙とどう違う？

公職選挙法(通常の選挙)			**国民投票法**(国民投票)
衆議院議員:12日間 参議院議員:17日間		運動期間	**60〜180日間** (国会の議決による)
選挙管理委員会		投開票の管理や投票方法の案内などの事務	選挙管理委員会
選挙管理委員会		広報の事務	**国民投票広報協議会**
地位を利用した選挙運動は不可**(罰則あり)**	×	公務員、教師の投票勧誘	△ 地位を利用した国民投票運動は不可**(罰則なし)**
18歳未満は選挙運動禁止	△	年齢制限	○ **年齢制限なし**
※ 公約を広告するのは禁止	×	テレビCM、新聞広告の規制	・テレビ・ラジオ △**勧誘CM:**(15日前までならOK) ○**非勧誘CM:**(投票日までOK) ・新聞広告は規制なし
禁止	×	虚偽報道	○ 明文規定なし
・WEBサイトとSNSは誰でもOK ・電子メールは候補者陣営のみOK	△	ネットでの投票勧誘運動	○ 規制なし
選管への届出、種類、大きさ、枚数制限あり	△	文書図画(チラシやポスター)	○ 規制なし
禁止	×	戸別訪問	○ 規制なし
1対1の単純な買収も含め、罰則で禁止される	×	買収規制	△ 組織的に多人数を買収する場合のみ、罰則で禁止 **1対1の買収はOK**
規制あり	△	運動費用	○ 規制なし

※ 公職選挙法では、選挙期間中に公約を広告で訴えることを禁じているが、政党そのものの PR ならば問題ない。そこで政党は、公約ではなく日頃から訴えている政策や、「この国を取り戻す」「まっとうな政治」といったキャッチフレーズを前面に打ち出した広告を出している

それこそ、通常の選挙だったらタスキを掛けた候補者がマイクを持って演説を始め、街宣車が走り始めたりすると、「ああ、選挙が始まったな」と実感しますよね。選挙では、有権者と候補者という形でいわば「主体と客体」が分かれるのですが、国民投票の場合は国民一人ひとりが主役で、皆が対等な関係で議論する環境に置かれます。国民全員が自動的に、国民投票の運動員の資格を得るわけです。

本間　それがいわゆる「国民的な議論」の広がりというやつですね。

南部　はい。そうやって国民には、主権者として主体的に議論に参加してほしいのに、その運動を法律で縛るというのはよろしくない。人を択ぶ選挙とは違うので、公職選挙法を真似《まね》てはダメなのです。そこで、公職選挙法を反面教師として、国民投票法の整備に当たっては可能な限り「自由」な運動のルールを作ろうとした……。これが、本間さんの言われる国民投票法の「美しい」立法哲学です（笑）。

結果、国民投票法の規定がどうなったかというと、国・自治体の選挙管理委員会の委員・職員など一部の例外を除き、あらゆる個人が国民投票運動の「主体」として活動することを認めました。団体、集団としては、既存の政党はもちろんＯＫだし、一般の会社、労働組合、友人同士のサークル、市民グループ、宗教団体など、その種類を問いません。外国人でも構いません。運動資金に関する制限や収支報告の義務も一切なし。大金持ちの個人、大企業が、国民投票運動のために莫大《ばくだい》な資金を投入してもOKというルールができ上がったわけです。

「投票日前14日以後CM禁止」の抜け道

南部　しかし、一定の制限もあります。投票日の14日前から投票日当日までの間、テレビ・ラジオのCM（広告放送）が禁止されています（105条）。CMは音楽と映像で煽情《せんじょう》的に作れるし、受け手にとっては論理よりもイメージが先行しがちになる。投票日14日前から期日前投票もできるようになるので、「冷静な判

> **【国民投票法105条】**
> （投票日前の国民投票運動のための広告放送の制限）
> 何人も、国民投票の期日前十四日に当たる日から国民投票の期日までの間においては、次条の規定による場合を除くほか、放送事業者の放送設備を使用して、**国民投票運動のための**広告放送をし、又はさせることができない。

「勧誘CM」は投票日の14日前から放送禁止。
しかし**「非勧誘CM」**は投票日まで放送可能!

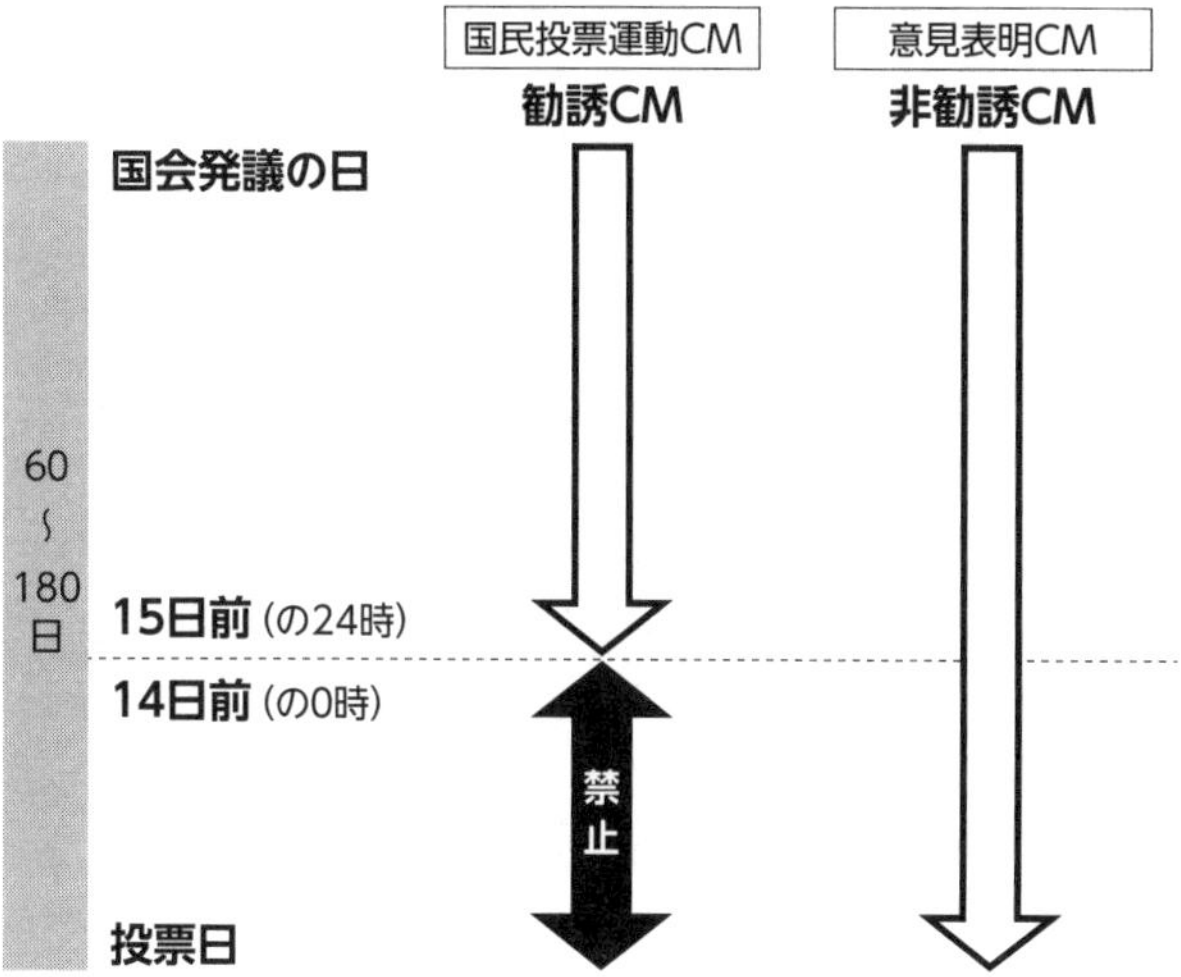

断をするための期間」を設けようというのがその趣旨です。

本間　それでも、投票15日前までCMは自由なのですね。広告の内容も同じように自由ですか。

南部　そうです。内容のチェックについても広告主や放送局に委ねられています。

加えて、見落とすことができない「抜け道」があります。禁止されているのは「国民投票運動のために行うCM」だけで、「国民投票運動のためではないCM」なら投票日前14日以後も流せる余地を残しているのです。

「国民投票運動のためではないCM」とは何か。

先にも述べましたが、国民投票運動とは、発議された憲法改正案に対して賛成・反対の投票を呼びかけ、「勧誘」することです。つまり、「賛成しよう」「反対しよう」と呼びかけるCMは、勧誘の要素を含むので「国民投票運動のためのCM」といえるでしょう。

しかし、勧誘の要素を含まないもの——例えば、「私は賛成します」「私は反対します」といったように、自らの意見を主張するだけのCM——であれば、「国民投票運動のためのCM」には当たらず、理屈の上では105条の規制対象から外れてしまうのです。

本間　つまり、タレントが出てきて「私は改憲にYES!」と意見を言うCMなら、投票日当日にも放送される可能性があるわけだ。

南部　基本的にそうです。105条では「国民投票運動のための広告放送」という文言になっているので、法律の解釈として「国民投票運動のためではない広告放送」という概念も生まれるわけです。さらに言うと、勧誘CMと非勧誘CMが厳格に区別できるかどうかという問題もあって、両者を単純に整理できないところもあります。いずれにせよ、ここは非常に曖昧な部分を残していて、脱法的な運用を許す余地があることに注意が必要です。

本間　通常の選挙の時、「○○党に投票してください」というCMが流れないのは、選挙期間中の「勧誘表現」が公選法で禁じられているからですね。でも、「美しい日本を取り戻す」という表現は勧誘していないし政治運動でもないから、投票日当日の新聞広告に出たりする。これと同様に、「自衛隊の皆さんに、誇りと自信を」みたいな勧誘しない広告は、国民投票では当日まで出る可能性があるということですね。

今までの話を聞いて、国民投票法の目指したところはよく分かりました。候補者や政党を選ぶ選挙と違って、「主権者」である日本国民が、この国の未来について自ら議論し、主体的に考えて選択する機会なのだから、できる限り制限を減らすことが大事だ。そうすれば、自由で活発な議論ができる環境が生まれるだろうという「美しい理想」を何よりも優先した……ということですよね。

結果、誰が運動の主体になってもいいし、お金も使い放題、そのお金を使ったテレビCMなどの広告も流し放題になった。それは、「自由」の名の下に「弱肉強食」のルールを生み出してしまったのではないか？というのが、「元広告代理店マン」である僕の、ちょっと意地悪な見方なのですが（笑）。それについては、次の章からじっくりと話すことにしましょうか。

南部　おっしゃる通りです。国民投票は〝自由〟と〝公正〟がキーワードです。自由に意見が交わされることは重要ですが、その手段として運動資金が自由に使われれば使われるほど、公正を害するという難題が潜んでいます。

国民投票版「政見放送」は、未検討のまま

南部　このように、国民投票法は10年以上前に整備されましたが、法律の運用面は今なお全く決まっておらず、誰も決めようとしていないという話で、第1章を締めましょう。

詳細が決まっていないもののうちのひとつが「広報放送」です。

国政選挙や知事選挙の時は、候補者や政党による「政見放送」が流れますよね。同じ時期、候補者「経歴放送」で、アナウンサーが候補者のプロフィール原稿をひたすら読み上げます。

国民投票も選挙と同じように、発議後は、改正案を広報するための「放送」を流します

し、新聞に「広報広告」を載せることになっています。さらに、選挙公報に相当する「国民投票公報」も発行、配布されます。

本間 「広報のための放送・広告」とは、テレビや新聞広告の枠が各政党に無償で与えられるということですね。

南部 そうです。国が各政党に対し、広報放送や広報広告の中から「無償枠」を与える制度になっています。ところが、驚くべきことに、国民投票法が制定されて11年、今や自民党をはじめとする政党が憲法改正論議にアクセルを踏んでいる状況にもかかわらず、放送時間、内容、回数など、詳細が何も決まっていません。

「広報放送の時間は10分なのか、30分なのか。もっと長くて60分くらいなのか?」「放送の中で、憲法改正案の説明や、賛成意見、反対意見はどのように紹介されるのか?」など、その具体的な部分については何ら合意ができていない。「国民投票公報」のページ割も同様です。国会の側で、広報のイメージづくりが全く進んでいないのです。

本間 それでは、誰がいつ決めることになっているの? やはり国会ですか?

南部 国会ですね。正確には、国会が憲法改正を発議した後に「国民投票広報協議会」という組織が立ち上がることになっています。

本間　ちょっと待って。発議された時点では、まだ国民投票広報協議会は存在しない。つまり、テレビや新聞を使った広報の詳細は、それから決めるという意味ですか？

南部　そうなんです。しかし、国会が発議した後、広報のあり方に関する議論をノンビリ始めては間に合いません。これは火を見るより明らかです。今のうちに、広報放送などの具体的なあり方について決めないといけない。せめて大枠だけでも、各党間で合意形成しておくべきなのですが、そうした議論は一切なされていない。ひどい話というか、何とも情けない。

本間　広報協議会のメンバーはどうやって決まるのですか。

南部　国民投票広報協議会の委員は衆議院、参議院から各10名ずつ、合わせて20名の議員で構成されます。10名ずつの委員は、衆参の会派の議席数に応じて割り当てられるので、改憲賛成派と反対派で、同数（10対10）にはなりません。

憲法改正が「発議」されるということは、単純に考えれば、その時点で衆参両院議員の3分の2以上が改正案に賛成する勢力として存在することを意味します。なので、広報協議会の構成もおよそ、賛成：反対＝２：１くらいの比率にはなります。もっとも、協議会の顔ぶれが、憲法改正案に賛成した会派の議員ばかりで占められることを防ぐために、反対した会派の議員からも委員が選任されるよう、「できる限り配慮する」ことにはなっていますが。

本間　そんな配慮が本当に行われるのか心配ですね。ちなみに、広報協議会が主体となって行う「広報放送」を流すのはＮＨＫ？　それとも民放も含まれるのでしょうか？

南部　ＮＨＫと民放です。実際は、ＮＨＫが中心でしょう。

　ここで本間さんにお尋ねしたいのですが、国民投票広報協議会が立ち上がってから放送事業者に対し、「広報放送のために、○月○日のこの枠で、広報の番組を30分放送したい」と要求することは、果たして可能なのでしょうか？

本間　そりゃ、普通はできません。放送枠なんて、基本的にはだいぶ前から埋まっていますからね。

南部　やはりそうですか。

　さらに厄介なのは、普通の選挙と違って国民投票の運動期間が60〜１８０日と非常に幅広く設定されていることです。国会の議決によって投票日が決まるまでは広報放送を流す期間、日時のシミュレーションができない。もちろん、運動期間が変われば、広報予算の額も変わってきます。

本間　選挙の場合、政見放送の予算は国費で賄われているのですよね？

南部　はい、選挙の場合は総務省の管轄ですね。でも、憲法改正案の広報は政府ではなく、国会の権限によって行われるものです。基本的な事務運営は国会側がやって、その経費は国の「予備費」から拠出されます。

本間　予備費ってそんな潤沢にあるものなのですか。

南部　毎年、年間で3000億円弱の予算が積まれています。衆議院の解散・総選挙が突然決まったとか、突発的な出費に備えるため、政府は常に予備費を持っているのです。この点、国民投票を管理・執行する予算も、いつ必要になるか分かりませんから、予備費から出すことになります。逆に、参議院議員の通常選挙は、3年に1度、必ず執行されることが分かっているので、通常の一般予算（総務省分）に含まれます。

代理店にとってオイシイ話だらけの国民投票

南部　他にも問題は山積みです。選挙では基本的に国・自治体の選挙管理委員会がその事務を取り仕切ってくれます。ですから候補者側は、原稿を書いたりＶＴＲを撮れば、後はそれを選管に提出するだけで、有権者に届く仕組みができています。

しかし、国会の発議で行われる国民投票は「国会案件」です。選挙のように国・自治体の選管が憲法改正案の「広報」の事務に関わることは想定されていない。もちろん、憲法改正案の内容には関わらない事務――例えば実際の投票や開票、投票日の告知や、不在者投票の案内、実施など――は選管が関わりますが、広報までは担当しない。

そのため、広報放送に関する事務を行うのも、国会が設置する国民投票広報協議会ということになります。事務局は国会の職員です。しかし、先ほどもお話ししたように、現時点ではその詳細が何ひとつ決まっていない。今の状態で、本当に広報放送、広報広告、国民投票公報の事務を取り仕切れるのかというと、とても厳しいと思います。

本間　それは結局、民間、つまり広告代理店に委託しないと無理なんじゃないかな。相手がＮＨＫだけならまだしも、民放での放送も想定しているのなら、広告代理店でないと仕切るのは難しいと思う。

南部　私もそうじゃないかと思っているんです。

本間　もちろん、本当に広告代理店を通さないと無理なのかといえば、やってやれないことはないのですが、その手の交渉をやったことがない人たちがひとつひとつのメディアと個別にやり取りするには、ものすごい労力がかかります。

　日本には新聞社が70社以上あるのですが、それらの新聞で一斉に「政府広報」の広告を掲載するのは大変なことです。まず新聞社に電話して、日程の調整をしなきゃいけない。会社によっては、その日はダメだが3日後ならOKということもあるかもしれない。そういうことを70社に対してやるわけです。

　そして第2章、第3章で詳しく説明しますが、テレビは新聞よりもはるかに複雑です。これはやはり代理店を通すしかないでしょうね。

南部　やはりそうなりますよね。

本間　ちなみに、広告代理店を通すとなると、通常、代理店側のマージンが新聞広告で15%、テレビだと最大25%程度は発生する。広告業界の人間にとっては、商売のタネが増えるオイシイ話ですね。

それ以外にも各党が「広報放送」として流す放送コンテンツの制作も大手広告代理店が仕事として受注する可能性が高いでしょう。賛成派のコンテンツを電通が作り、反対派を博報堂が作る、というように。

いずれにせよ、議論になるのは「改憲」の中身ばかりで、こうした「制度」の問題に気づいている人がほとんどいなかったのは、非常に大きな問題だと思います。この先、改憲議論ばかりがどんどんと進んで、いざ「発議」となった時点で、「どうしたらいいのか分からない」ということだらけでは、困ってしまいますから。そのあたりも次章以降で話していきましょう。

第2章　巨人「電通」が支配する広告業界のメカニズム

発議から投票まで、なぜ「最長180日」もあるのか？

南部　第1章では、主に本間さんから質問を受ける形で「国民投票とは何か」や、国民投票法が制定された背景などについて、法案作成に関わった私から説明しました。

現行制度のもとで発議したら、広告のパワーはどのように発揮されるのか。この章では私から、広告業界のメカニズムや代理店の仕事内容についてお尋ねします。

本間　その前にひとつ質問をいいでしょうか。

今の国民投票法は、国会で改憲案が発議されてから投票が行われるまでの期間は、「60～180日以内」と非常に幅広く設定されていますよね。個人的には「せいぜい60日程度でよいのではないか」という気がするのですが、この幅には一体どういう意味があると考えたらよいのでしょうか。

南部　2005年の春の話ですが、自民・公明両党は「30～90日間」、民主党は「60～180日間」という案を検討していました。与党側でどういう議論があったかは直接承知していませんが、民主党案をそのまま呑《の》み込んだ形です。

ちなみに、衆議院は選挙運動期間が12日間、参議院が17日間なんですね。東京都知事選挙も17日間。ところが国民投票は最長で180日ですから、その15倍あるいは10倍と、案外長いのです。ただ、オーストラリアの憲法改正国民投票が60～180日間ですので、偶然ですけど、それと一致しています。

投票までの期間にこれだけ大きな「幅」をもたせた理由は、例えば憲法9条の改正のような国論を二分するようなテーマは、国民にも熟慮に熟慮を重ねてもらわないといけないので、やはり半年ぐらいは必要かなと。

一方、最短の60日というのは、テクニカルな、議論の起きないテーマを想定しています。「憲法上のてにをはを直しましょう」といった類いのものです。

本間　大事な論点については、180日より長くするという考え方もありますよね。

南部　もちろん、本当に「熟慮に熟慮を重ねる」というなら、1、2年というようにさらに期間を長くすることも可能でしょう。実際、研究者の中にもそういう主張がみられます。ただ、あまり長く設定すると、発議されてから投票日までの間に、国政選挙が行われてしまうかもしれない。

その場合、与野党が政権を目指して相争う関係に立って、すでに発議されている憲法改正案の政治的意味が低下してしまったり、場合によっては憲法改正の是非自体が国政選挙の争点と化し、国民投票の意義が失われるおそれもあります。なので、なるべく通常の選挙とは重ならないようにする必要があるのです。

参議院選挙は必ず3年に1回あるし、衆議院選挙は今、2年半に一度くらいの頻度で行われています。最長180日という数字に、特別な根拠があったわけではありませんが、「長くても、半年以内には決着させたい」というのが、立法者の考え方だったわけですね。

国民投票「特需」に大きく期待する広告業界

本間　僕がなぜこんな質問をしたかというと、仮に投票までの期間を最長の180日にして、国民投票運動のキャンペーンを半年近くも展開したら、「広告宣伝費」が膨大な額になってしまうのではないかと思ったからです。それを「広告代理店」の視点から見ると、国民投票は滅多にないオイシイ「特需」、という風に映るわけですね。

南部　広告業界にとっては千載一遇のチャンスだと。

本間　それはもう最高ですよ。オリンピック特需ならぬ、「国民投票大特需」がやってきたという感じではないでしょうか？　２０２０年の東京オリンピックは事実上、日本最大の広告代理店「電通」がすべての利権を独占しているので、業界ナンバー2の博報堂や、それ以外の広告代理店には全くと言っていいほど恩恵がない。しかし国民投票ともなれば、さすがに「電通の一社独占」というわけにはいかないでしょうから、業界をあげて待望していると思いますよ。

南部　今の国民投票法には投票日前14日以後の「勧誘ＣＭの禁止」を除けば、それ以外には広告宣伝に関する制限がないので、国民投票運動の資金だって使い放題です。広告業界の人なら、最大の１８０日でやってほしいと思うでしょうね。

本間　もちろんです。ところで、発議から投票日までの日数は、その都度、国会が議決して決めるんでしたっけ。その場合も3分の2以上の同意が必要ですか？

南部　投票日までの期間については、国会で議決して決めますが、その要件は3分の2以上ではなく過半数です。とはいえ、与党だけで勝手に決めるなんてことは基本的にありえないでしょう。
参議院で、衆議院から送られてきた憲法改正案の審議が終盤に差しかかった頃、「じゃあ、投票日はいつにしようか」という話し合いが各党間で始まります。そして、憲法改正案が参議院の本会議で成立する当日、「投票日を○年○月○日とする」議決を衆参両院で行うことになると見込んでいます。

本間　「投票日を与党だけで勝手に決めることはない」と言いますけれど、安倍政権が強引な議会運営を行っていたことを考えると、素直に同意できませんね。特に2017年の総選挙で与党がこれほど圧勝した状況だと、野党が反対しても、与党だけで都合のいい投票日を決めてしまう可能性もある気がするのですが。

先ほどの「広告宣伝費」の話に戻ると、例えば衆院選や参院選といった国政選挙の場合、選挙1回につきメディアに流れるお金は、だいたい400億円程度と言われているんです。

南部　それは、すべての政党がテレビや新聞などの広告に使う総額ですか?

本間　そうです。2012年の衆院選を前に、選挙に使う広告費を「週刊ポスト」(2012年12月7日)が独自に計算して、記事にしています。推計ですが、僕もこれは妥当な数字だと思います。

選挙に立候補すると、NHKや民放で政見放送が流れ、新聞広告（5回まで）が載りますが、それらは税金で賄われます。そのうえに各政党の「宣伝事業費」を加えると、おおむね400億円くらいになるということです。

南部　なるほど。

本間　国民投票ではこれらが税金ではなく、各派のさまざまな資金や献金で賄われる。2016年の自民党の総収入は約354億円でしたから、この7割くらいをつぎ込んだうえで献金を募り、銀行から借り入れれば、賛成派は少なくとも300～400億円くらいは広告宣伝につぎ込めるのではないかと思いますね。

なぜ「大手広告代理店」が必要なのか？

南部　広告業界が「特需」と考えるのも当然ですね。では、広告業界の話に入っていきたいのですが、まずは初歩的な質問から。そもそも、テレビやラジオCM、雑誌や新聞の広告は、広告代理店を通さないと出せないものなのですか？

本間　まあ、基本はそうでしょうね。

南部　それはなぜですか。

本間　ひとつは、メディアの側が「保険」として、広告代理店を必要としているからです。

　例えば、僕が個人的に1億円を持っているとします。そして、そのお金でテレビ局に「僕の会社のテレビＣＭやってよ」と言ったとします。

「ああ、本間さんが1億円払えるのならＣＭやってもいいよ」という話になると思うかもしれません。でも、ＣＭがオンエアされた時点で、本当に1億円払ってくれるか、テレビ局には分からないですよね。テレビＣＭともなると額が大きいだけに、そういう「信用」を気にするわけです。

南部　信用ですか。そこはやはり「会社」なんですね。

本間　ところが、僕が個人として直接ＣＭの放映を頼むのではなく、その間に代理店を通していれば、ＣＭの制作からテレビ局への支払いまで、すべての責任を代理店が負うわけです。ですから、僕が1億を払えなくなってしまったという場合でも、とりあえずその放映された分のＣＭ代金は代理店が立て替えてくれる。

その意味で、代理店は信用保証機関というか、テレビ局にとってリスクヘッジの役割も担っているのですね。

日本の大手広告代理店は「広告ビジネスの総合デパート」

南部　一方で広告を出したい企業は、できるだけ人の目につく場所に効果的な内容で出したいと思いますよね。そういう、「オイシイ場所」や「オイシイ伝え方」を準備できるのも、結局大手代理店しかないということなのでしょうか?

本間　基本的にはそうです。順序立てて説明すると、日本の大手広告代理店は「単なる広告」だけを扱っているわけではありません。例えば、自動車会社から新車を出すとなると、ネーミングから販促活動まで一緒に考えていく。

要は、マーケティングリサーチから、商品企画開発、商品のネーミング、実際の広告制作、その広告を展開するための媒体の確保や、イベントの企画運営に至るまでを手がける、一般の人たちが考える広告の範囲をはるかに超えた「広告・マーケティングの総合デパート」なのです。

このように、大手代理店が広告宣伝に関する「すべてのプロセスを一社の中で完結させられる」というのは、日本の広告業界の特徴のひとつです。一方、海外では、電通などが一社でこなす領域がそれぞれ独立した業種になっています。

ブランド構築を考える「ブランドエージェンシー」、広告を制作する「クリエイティブエージェンシー」、広告枠を買い集める「メディアエージェンシー」、セールスプロモーションを行う「BTLエージェンシー」（Below the line：イベントやプロモーション活動のこと）……というように分かれているわけです。海外で仕事をすると、案件ごとに複数の会社でチームを組むことになります。

南部　広告を出すスポンサー企業からすれば、日本の場合、代理店一社とだけ話をすればいいから楽ということですか。

本間　そういうことです。中でも日本の大手代理店の強みとなっているのが、「広告枠を買う」という部分と、「その枠を顧客に売る」の両方が同居している点。そのため、代理店の持つシェアがそのまま「支配力」につながっています。

南部　どういうことでしょうか。

本間　電通や博報堂などの大手広告代理店は、その圧倒的な規模にモノを言わせて、テレビCM枠の中でも「視聴率の高い効果的な時間帯」をキッチリと押さえています。そのため、「広告を出す側」ができるだけ「オイシイ（視聴率の高い）枠」でCMを展開したいと思えば、その「枠」を押さえている大手広告代理店に依頼するしかない、ということです。

南部　なるほど。つまり、スポンサー企業からの依頼の「後」に代理店がCM枠を確保するのではなく、代理店が「先」にCM枠を確保しておいて、それをスポンサーに売りさばく、というイメージですね。

本間　そうです。特に「オイシイ枠」は、大手広告代理店がキッチリと押さえていることが多い。

ですから、一回でも電通や博報堂が特定の枠を押さえてしまえば、その枠はその後もオープンな市場には出ず、電通や博報堂の顧客の中でしか動かないのです。

例えば、夜のニュースを提供している企業が、「視聴率も下がっているしそろそろ降りようかな」と思っていたとします。担当している代理店はこの話を聞くと、即座にその枠を埋めてくれそうな他の企業に声をかけていって、後任のスポンサーを見つけてしまう。

南部　なるほど。不動産に喩《たと》えるなら、条件のいい土地は特定の不動産屋さんがあらかじめ買い占めているから、その不動産屋さんに頼まないと、その土地に家は建てられないと。しかも、その土地が空いた時も、馴染《なじ》みのお客さんだけにしか「空き物件アリ」という情報を教えない。だから、電通や博報堂の顧客にならない限り、そうした「枠」はなかなか手に入らない。

一方で、メディアの側も「電通さんが枠を埋めてくれていれば大丈夫」と考えていて、そこに大手広告代理店との「共存・共生関係」が生じてしまう。

本間　全くその通りです。実際に、テレビでも新聞でも雑誌でも、必ずといっていいほどそういうテリトリーがありますね。ですから、一回、寡占状態になってしまえば、基本的にはその寡占の比率を大きく動かすことなく、得意顧客さんの中でそれが行き来する形でテリトリーは維持されるという仕組みです。現在は昔ほどではなくなっていますが、それでもまだそうした優位性は厳然として存在しています。

最近では、電通からＣＭ枠を買って、制作は別の広告会社やクリエイティブチームに依頼するというケースも増えてきています。それでも枠は電通から買っていることには変わ

売上高でも電通は圧倒的！

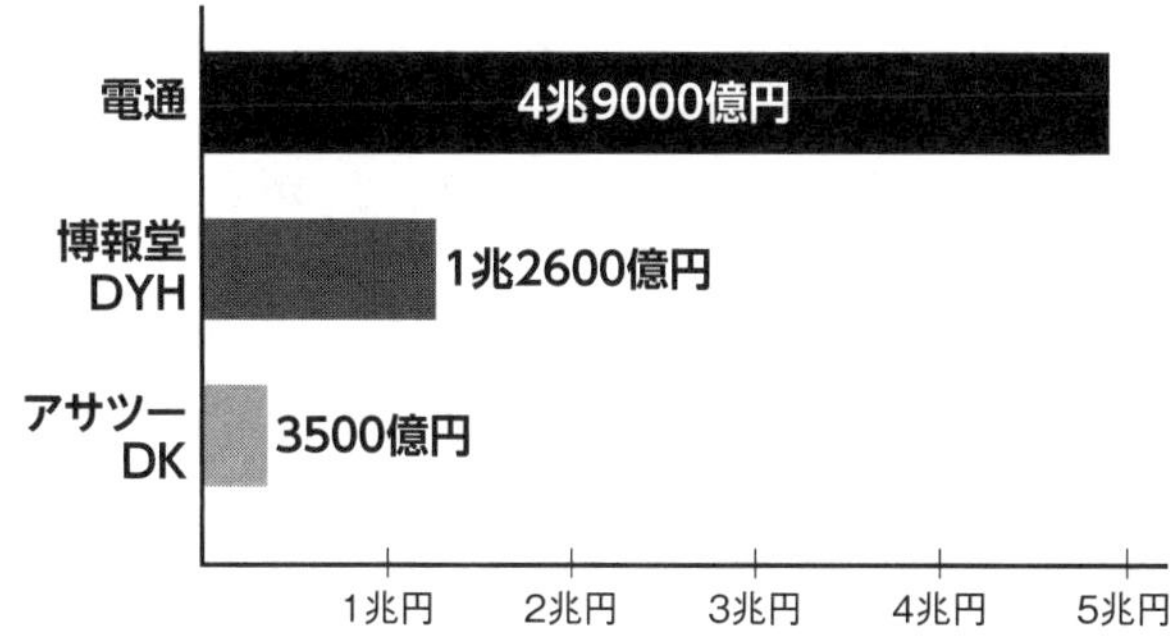

（2016年連結決算売上高）

電通はイギリスのイージスグループを買収するなど、M＆Aにも積極的。グループ全体の売上高は約4兆9000億円と、2位の博報堂の約4倍だ。

りありませんから、テリトリーは続くという構図ですね。

「電通支配」が存在すると言える理由

南部　ところで、日本の広告業界は「電通」をはじめとした、大手による「寡占状態」だと言われていますよね。「電通がメディアを支配している」と、はっきり断言する人もいる。それって、どこまで本当のことなのですか？

本間　企業グループとして電通を見ると、２０１６年の連結決算売上高は約４兆９０００億円。博報堂ＤＹホールディングスの連結決算売上高は１兆２６００億円*ですから、規模の違いは圧倒的といえるでしょう。

南部　まさしくガリバーですね。

本間　２０１６年の日本の総広告費が６兆２９００億円です。電通の売上高は１兆６０００億円ですから、ザックリとみれば総広告費の25％に当たります。

南部　日本でのシェアは４分の１ですか。意外と小さい気もしますが……。

本間　そう思うでしょう？　しかし業界２位の博報堂の売上高は８８００億円で電通の半分です。３位のアサツー・ディ・ケイ（ＡＤＫ）になると３５００億円だから電通の20％程度。圧倒的に電通が大きいことが分かります。これは単体の広告代理店としては世界一の売上です。

社員数も、電通約７０００人に対して博報堂は約３０００人、ＡＤＫは約１９００人と、一社だけ２倍以上にもなります。

テレビ広告全体での電通のシェアは約35％、博報堂は16％ですから、ここでも倍以上です。

でも、僕が強調したいのはそういう数字からでは推し量れない、電通の本当のパワーな

＊博報堂のみ２０１７年３月期決算

のです。業界人にとっての電通の「心理的シェア」は35％なんてものじゃない。50％を優に超えているはずです。

というのは、テレビ広告だとすべてのCM枠で均等に価値があるわけではない。皆が欲しいのはゴールデンタイム（19〜22時）、その中でも視聴率が高い番組のCM枠です。電通のシェアはここをキッチリ確保しての約35％なのです。だから強いし、業界の半分以上を一社で押さえているように見える。

実際、公正取引委員会の報告書を見ると、２００９年のプライムタイム（19〜23時）のシェアは電通が49％に対して博報堂は26％です。

南部　公正取引委員会の報告書ですか。それなら確かですね。

本間　少し古いデータですが、今もそう変わっていないはずです。テレビマンが一番気にしているプライムタイムのCM枠の半分を持っているのだから、これはとんでもないことです。

それからテレビ・ラジオ・新聞・雑誌は「メディア４媒体」と呼ばれていますが、ここでも電通はすべてでシェア１位です。この構図も、数十年変わっていません。

どの業界でも、シェア1位の会社は取引相手に、圧倒的な交渉力を発揮できると言われますよね。広告業界も例外ではなくて、あらゆる媒体で「電通専用枠」があり、買い占めたり、テレビ局からいち速く情報が入るようにするということも可能なのです。

だからシェアの数字の上では、電通は博報堂の倍程度ですが、心理的なパワーはそんなものではないでしょう。「電通は博報堂の3倍近い存在感がある」と言うと、テレビマンはみな納得すると思いますよ。

一般に、テレビ局の収入のうち70%以上が広告とされています。そのテレビ局の「命運」の35%を電通一社が握っていることになる。NHK以外のすべての局において、です。こんなこと、普通では考えられないですよね。

「電通が日本を支配している」という陰謀論を口にする人がいますが、僕が知る限りそんなことは一切ありません。しかし「メディア支配力」、とりわけテレビに対しては圧倒的だと思います。

海外では当然の「一業種一社制」がない、日本の広告業界

南部　こうした、一部の超巨大広告代理店による「一強状態」は、ほかの国でも同じなのでしょうか。

本間　先進国ではありえませんね。というのは、海外と違って日本の広告業界には「一業種一社制」の原則がないのです。

一業種一社制とは、例えば、ある代理店がメルセデス・ベンツを顧客にしているとします。この場合、その代理店は基本的に同業――例えばＢＭＷやフォルクスワーゲンなど――を顧客にはできないということです。これは法的に禁じられているということではなくて、秘密保持を考えた場合の「商習慣」というか、暗黙の了解があるということですが。

南部　そうすると同業の場合、基本的には「大手メーカーの数」だけ、担当する代理店が存在するということになる。

本間　そうです。一方、日本の場合は電通や博報堂が同業他社――いくつもの自動車メーカー――を「掛け持ち」することが当たり前になっている。これは別に自動車に限った話ではなく、家電だって食品だって、あらゆる業界がそうなのです。したがって、数社の大手代理店に大手スポンサーが集中して、後は無数の中小代理店が存在するという構図が生まれてしまう。
先ほど説明した「一社ですべてのプロセスが完結する」ことと併せて、これが日本の広告業界で特定の代理店による寡占状態が続いている大きな要因です。

南部　なぜ日本だけ、こんな特殊な状況なのですか。

本間　「顧客の秘密保持」に対する考え方の違いが大きいでしょう。海外では秘密保持について非常に神経質なので、同じ広告代理店が同業他社を掛け持つことを基本的に嫌がるし、そもそも「商業道徳的にどうなのだ?」という感覚があるのだと思います。
分かりやすく言うと、「おたくはうちの会社に忠誠を誓いますという顔をしながら、同じ業界のライバル会社にも同じことを言っているのでは?」……ということです。
ところが、日本の場合だと、ひとつの代理店が複数の同業他社を顧客として抱えるのはごくごく当たり前のことで、その結果、大手による「さらなる寡占」を招いてゆくという構造です。

南部　日本では顧客の秘密保持が問題になったりはしないのですか?

本間　バブル崩壊前後までは、日本の企業は欧米に比べて秘密保持に神経質ではありませんでしたが、現在では各セクション、担当者に対して厳格な守秘義務契約が課せられるようになっています。日本の場合は、その程度で大きな問題はないということなのだと思います。

それにスポンサー側も、たとえ同業他社と重なっていたとしても電通や博報堂などの大手に仕事を発注せざるを得ないというのが現実だったりします。寡占状態が深刻で、ほかにあまり有力な選択肢がありませんから。

自民と電通は、日本がアメリカから独立した時以来のタッグ

本間　ただ、面白いのは、日本でも一部の業種で「特定の代理店」と「特定のスポンサー」が、ほぼ「1対1」の関係で強く結びついているケースがあるんですね。その代表的な例が「政治」です。特に、日本の広告業界を圧倒的な力で支配する「電通」と、その大口スポンサーである「自由民主党」の関係です。

南部　政治で例外的に一業種一社制が機能しているとは興味深いですね。

本間　そうなのです。電通の自民との結びつきは、立憲民主や民進とは比べ物になりません。

まず、電通社員から政治家になった人を数えれば自民党が圧倒的です。現役議員でも、元外務副大臣の中山泰秀衆議院議員や、自民党の広報本部長の平井卓也衆議院議員は電通出身。そういえば、安倍首相の妻・昭恵夫人も電通で働いていましたね。

自民党の広告宣伝をメインに扱うのは電通の第9営業局ですが、ここが設置されて自民党を担当するようになったのは50年近く前からです。僕が以前、自民党の関係者から聞いたのは「うちはナンバー1なんだから、当然、ナンバー1の代理店しか使わない」ということでした（笑）。

そもそも、第9営業局（当初は第9連絡局）ができる前、55年体制の時代から自民党と電通はずっとつながってきたのであって、その関係は昨日今日に始まった話ではありません。ジャーナリストの田原総一朗氏はその著書『電通』（朝日新聞社、1981年）で、1952年の総選挙で、自由党が日本電報通信社にPRを依頼したと書いていますね。

その後、自由党は日本民主党と合同して自由民主党になり、日本電報通信社は電通に社名を変えます。60年安保騒動の時には、当時の社長、「電通を世界一の巨大広告会社にした男」といわれた吉田秀雄は、ポケットマネーで極秘に60年安保運動を牽制《けんせい》するためのパンフレットの発行を指示したといいます。

南部　1952年といえば、日本が主権を回復した年です。日本の「戦後」が始まった時から、両者は関係があるのですか。

本間　そうなりますね。自民党は電通のPR力を頼りにしてきたし、電通は政権党である自民と仕事をするのが一番ラクだったということでしょう。戦後日本は事実上「自民党支配」の国といってもいいですから。加えて、自民党と日本の主要な産業界は非常に近い関係にあります。

要は、日本のほぼ一体化した「政・財」の構造と寄り添ってきたからこそ、電通は現在のような寡占状態を築き上げ、それに伴うさまざまな利権を手に入れてきたという歴史があるわけです。今、電通が一社で完全に独占していて、総額数千億円ともいわれる巨大な「東京オリンピック利権」なんて、その好例ですよ。

ほかにも、国政選挙で自民党全体の広告宣伝活動を担当するだけでなく、自民党議員の地方での選挙活動や、地方自治体の首長選挙でも電通が自民党候補の広報を担当するケースも多い。そうすると、その地区で何かイベントをやるぞとなった時、真っ先に電通に声がかかるようになるわけです。最近はコンペや入札で公正に行うことも多いのでしょうが、昔は随意契約ばかりでひどかったと思いますよ。

南部　ある意味、自民党、産業界と電通は、戦後手を取り合って一緒に「育ってきた」と言えるのかもしれませんね。電通がこれほどの寡占状態を維持することができたのは、自民党が政権を独占してきた事実と背景を考えれば、至極当然の結果であると。

本間　そもそも、自民党ができたのも、電通が今の社名になったのも1955年。文字通り、共に生まれて一緒に育ってきたわけですね。

電通は自民党を裏切らない

南部　ところで、電通と自民党の「ナンバー1同士」の組み合わせがほぼ固定化しているとなると、かつて野党第一党だった民進党は業界「ナンバー2」の博報堂が担当していたという理解でいいのでしょうか？

本間　これまではそうです。

南部　ここまでのお話を伺って、そもそも日本の広告業界は電通と博報堂という2社による寡占が深刻ということでしたよね。しかもその2社の間でも、売上高は2倍以上の開きがある。

その電通は長年、自民党と結びついていて、野党は電通以外と組むほかない。国民投票の広告を政党が行うとしたら、改憲賛成派は電通とタッグを組むと考えていいわけですね。

本間　当然、そうなるはずです。

南部　仮に、電通が圧倒的なパワーを持っていたとしても、受注があれば「賛成派も反対派も、どちらも同じように一生懸命頑張ります」という状況なら問題ないかもしれない。しかし、電通は与党・自民党とガッチリ結びついていて、自民党の広告と同時に立憲民主党の広告も担当するなんてありえないということですか？

本間　業界の人間で、電通が反対派と組む可能性を考える人間は一人もいないでしょうね。

たしかに、代理店は金を出してくれるなら誰でも客として尊重するもので、それは電通も博報堂も変わりません。しかし、電通にとって自民党は70年間ともに育ってきたパートナーです。裏切るなんてことはありえない。

南部　反対派の広告を電通が担当したら、自民党は嫌がりますか。

本間　一種の背信行為と受け取るでしょうね。というのは、国民投票で賛成派が負けたら内閣総辞職につながる可能性が高い。イギリスもイタリアも、国民投票で敗れた内閣は辞職しました。要は政権信任投票に等しいわけです。死にもの狂いで勝たなければいけない。

そもそも、憲法改正は自民党にとって結党理念なわけですよね。ともに生まれ、手を取り合って歩んできたパートナーが、60年来の宿願をかなえるために死力を尽くしている。もし負けたら政権がひっくり返りかねない。そんな状況で敵に力を貸して、パートナーが負ける要因になりかねないCMを作ろうとしている――。

そんな会社をこれまで通り信頼することができるか。自民党側から見れば、こんな風に見えるわけですよ。

南部　ましてや、賛成派のCMだけでとんでもない額の収入が得られるわけだから、電通にとっては無理して反対派まで手を伸ばす必要性もないということですね。

本間　維新の会のCMは電通が作っていましたから、電通が自民党以外の広告宣伝を絶対に担当しないわけではありません。しかし、通常の選挙は4党、5党から候補者が出馬して議席を争う。それに対して、国民投票は賛成か反対の二択です。通常の選挙以上に敵・味方がはっきりしていて、相手方につくということは完全に自分の敵になることを意味する。そんな状況で、電通が自民党の怒りを買うリスクを冒すはずがありませんね。

まあ、それに維新の会は自民党と同じような主張の党ですしね。

南部　なるほど、理解できました。ここぞという大一番、しかも敵・味方がいつも以上に鮮明になる戦いで、電通が敵側につく理由はない。そして、日本が独立してすぐの時期から一緒に仕事している70年来のパートナーと、結党から20年足らずで分裂までしている政党、出来立てホヤホヤの政党、どちらを重視すべきかは明らかだと。

広告業界と政治との関わりが見えてきました。そして、本間さんのいう「広告合戦」という言葉に含まれる危機感も、だんだんと分かってきました。

次章では、広告の中でも最も大きな影響力がありそうな「テレビCM」を中心に、発議後に何が起きうるのかを教えてください。

第3章　改憲プロパガンダが一方的に流れる「テレビＣＭ」

改憲賛成派の圧倒的有利をもたらす「スタートダッシュ」

南部　ここまでの議論を通じて、次のような構図が見えてきました。

①2007年に制定された「国民投票法」には、投票日14日前からの「勧誘CMの禁止」を除いては、憲法改正案に関する広告やその資金に関する規制がない。

②通常の選挙と違って、政党、経団連のような経済団体、企業、あるいは宗教法人から個人的な大金持ちまで、誰でも広告を出すことができる。

③国民投票は日本の広告業界にとって大きなビジネスチャンスであり、巨額の広告費が注ぎ込まれる可能性が高い。

④日本の広告業界は巨大広告代理店の寡占が常態化している。

⑤特に、最大手で圧倒的な支配力を持つ「電通」が、長年にわたって政権与党の自民党と強く結びついている。

では、国会で憲法改正の発議が行われたら、賛成・反対の両派による「広告合戦」はどのように展開するのか。議論を分かりやすくするため、この章ではテレビCMに絞って、このまま憲法改正が発議されたら、テレビCMをめぐって何が起きうるのかを考えてみたいと思います。

本間　分かりました。国民投票法の改正を考えるにあたって必要なのは、まず現状の法律で「何がどこまで許されているのか」を知ることです。元広告屋として、この章では最悪のケースを念頭に、何が起きる可能性があるのか議論することにしましょう。

２０１８年現在、賛成派の中心が与党・自民党であることは誰の目にも明らかです。そして長年、その自民党の広告戦略を担ってきたのが業界最大手の電通ですから、当然、国民投票に向けた賛成派の広告宣伝戦略は「自民×電通」という組み合わせを核に展開されることになるでしょう。

僕が思うに、４つの理由から与党・賛成派が圧倒的に有利です。

（A）３分の２議席を押さえている賛成派は国会発議のスケジュールをコントロールできるので、CM枠をあらかじめ押さえておく（予約する）ことができる。

（B）スケジュールが読めるので、賛成派はCMコンテンツ制作が戦略的にできる。

（C）賛成派は広告業界のガリバー、電通とタッグを組む。

（D）与党は圧倒的に金集めがしやすい立場であり、賛成派は広告に多額の資金を投入できる。

要は、先手を打てて、デカい代理店と組めて、カネが大量に使えるということです。（A）から考えていきましょう。まず、与党を中心とした賛成派が非常に有利なのは、国会での発議のタイミングなどの「改憲スケジュール」に関して、彼らがイニシアチブを取れるという点です。

もちろん、憲法改正に関する議論ですから、すべてが与党の思惑通りに進むわけではない。しかし、「いつ改憲を発議するのか」「憲法何条の改正を争点にするのか」そして「投票日をいつに設定して、国民投票運動の期間は何日になるのか」といった部分については、与党側にカードがある。それを前提に十分な準備ができるというのは、「広告戦略」の視点で考えるとものすごく大きなアドバンテージになるのです。

南部　つまり、賛成派は「先手」を打って十分な準備ができるのに対して、反対派は「後手」に回るおそれが高いということですか？

本間　その通りです。結果、高視聴率の「オイシイ枠」に流れる国民投票運動のＣＭは賛成派だけになる可能性があります。反対派のCMは深夜と早朝の時間帯にしか流れず、ほとんどの人には見てもらえない、ということすらありうると思います。

第2章でみてきたように、代理店の主な仕事には、「広告を展開する枠の確保」と、「広告コンテンツの制作」という、ふたつの大きな柱があります。そして国民投票運動の広告合戦では、その両面で「初動の差」が大きな意味を持つことになるでしょう。

改憲反対派に気取られない「ダミー名義」

本間　そもそもの話をすると、テレビCMには「30秒のタイムCM」と「15秒のスポットCM」の二種類が存在します。タイムCMはその番組の提供をしていないと出せないもので、スポットCMは提供企業以外でも購入できます。

南部　やはり30秒のタイムCMでないと、見る人の印象に残らないものですか。

本間　まあ、代理店はスポンサー企業にそう言いがちですが、15秒のスポット枠を2本立てにして30秒流しても、同じことだったりします。それでも、常にスポット2本を連続して確保できるかは分からないから、タイムの方が確実だとは言えるし、30秒キッチリ確保した方が印象に残るのは確かです。

じゃあ、いつならタイム枠を買えるのかというと、通常の場合は春と秋の番組改編時期、つまり年2回しかありません。

もちろん放送までにすべてが売り切れるわけではなくて、売れ残っているところはスポットCMを入れたりして埋めるのですが、視聴率の高いゴールデンタイムはほとんどが売り切れでしょう。

南部　秋からゴールデンのタイム枠を買いたい時は、いつ頃までに申し出ればいいんですか。

本間　もちろん局や曜日によって変わってきますが、遅くとも3か月前ですね。7月までには言わないと10月の改編には絶対に間に合いません。確実に押さえたいなら、半年前から手を挙げる必要がある。テレビ局もゴールデンについては強気ですから。

南部　第2章で主要なCM枠は代理店がガッチリ押さえていて、代理店の顧客にならないと買えないという話がありましたよね。私は不動産屋の喩えで理解したのですが。あれは30秒のタイム枠のことだったのですね。

本間　そうです。一方、15秒のスポット枠の売り買いは年中やっていて、人気がない時間帯は放送数日前になっても完全に売り切っていないこともあるくらいです。

だから、CM枠の奪い合いで圧倒的なシェアと存在感を持っている電通が早めに枠を押さえにかかれば、賛成派は圧倒的に有利な立場で広告合戦を展開できることになります。なにせ、電通はプライムタイムでは博報堂の2倍近いCM枠を持っているのですから。

南部　しかし、賛成派の方がスケジュールを読みやすいとはいっても、国会での論戦がありますから、日程を完全にコントロールすることは難しいのではないですか。

本間　衆参両院で賛成派が3分の2議席を占めていますから、その気になれば、彼らは明日にだって発議ができるわけです。特定秘密保護法もカジノ法も、反対がどれだけ強くたって与党はアッサリ可決させたことを忘れてはなりません。賛成派は、法律に則ってそれができる立場にあります。

それに、広告戦略を立てる立場からすれば、日程がはっきり分からなくても、おおよその見通しがついているだけで相当有利なのです。例えば、「国会が1月から始まって、夏前に改憲案を出せば、どんなに揉《も》めても、まぁ年内には改憲の発議ができそうだ」「半年くらい議論すれば、国民もまあいいだろうという空気になるだろう」という程度のザックリとした見込みがあるだけで、半年先のCM枠の確保に取りかかることができる。

しかもそれは「国民投票のためのCM枠」としてではなく、「自動車」とか「家電」といった別の「ダミー名義」でも構わない。そうやって「あらかじめ、この辺の枠を押さえておくか」みたいなことが電通と博報堂ならばできるわけです。

南部　ダミー名義でも買えるのですか?

本間　第2章でもお話ししたように、テレビ局が広告代理店を通すのは、一種の「信用保証」でもあるわけです。テレビ局にとって大事なのは、自分たちの広告枠がきちんと売れること。そして、その支払いや広告の中身に関して、大手広告代理店が最終的な責任を持ってくれることです。電通や博報堂のような大手代理店が、「ダミー名義」で優良な広告枠を事前に押さえておくというのは、業界では決して珍しいことではありません。

南部　もし与党がCMを押さえにかかったら、反対派も気づいて、そこから手を打てると思っていたのですが……。

本間　もちろんそれは可能ですが、そのためには、反対派もその時点で広告代理店と組んでいる必要があります。でも、現状ではまだそういう組み合わせはできていませんよね。

コンテンツ制作も賛成派が有利

本間　賛成派が有利な理由（B）は、「スケジュールが読めるので、CMコンテンツ制作が戦略的にできる」です。

まず、当たり前の話ですが、CMの制作にはそれなりの時間がかかります。通常、どんなに急いでも最低1～2か月は必要です。しかも、できるだけ効果的なCMにするには、ターゲットに関する入念なマーケティングリサーチが欠かせません。

そうした準備に、半年前や、ものによっては1年以上前から代理店が取り組む場合も珍しくない。また、CMにタレントなどを出演させるとなれば、事前に出演交渉をまとめて、あらかじめスケジュールを押さえなければなりません。人気タレントとなれば、半年以上前からオファーをしなければならないこともザラです。

南部　そう考えると、反対派はCM枠の確保だけでなく、CM制作の発注も早い段階から準備しておく必要があるわけですね。しかし、憲法改正案を発議する側の賛成派に比べ、

「その案に反対する」という立場の反対派は基本的に受け身ですから、後手に回らざるをえません。

本間　しかも、野党第一党だった衆議院の民進党は、2017年に民進党と立憲民主党、希望の党に分裂してしまった。希望の党は改憲に積極的ですから、野党の足並みが揃《そろ》っていない。おそらく反対派の多くの議員は、発議の阻止のことは考えていても、その先の広告宣伝のことは考えていないでしょう。そんな状態で、CM発注などできるはずがありません。

南部　国民投票の発議から投票までの「運動期間」が、最短の60日なのかそれとも最長の180日なのかによっても、事情が変わってきますね。

本間　そう思います。仮に、最短の「発議後60日」になった場合、「発議の翌日」からテレビCMなどの広告宣伝をフル回転させていくべきですが、事前に十分な準備をしていなければ無理でしょう。CMの制作にはどんなに急いでも数週間が必要なうえ、すでに優良なCM枠の多くが「自民・電通連合軍」に押さえられていた場合、発議後しばらくは反対派のCMはゼロで賛成派のCMばかり流れる……ということにもなりかねません。

60日の短期決戦となれば、「初動の遅れ」は反対派にとって致命的な悪影響を与えることになるのではないでしょうか。しかも第1章で見た通り、60日になるか180日になるかは、国会の議決で決まるわけですよね。

南部　一応、初の国民投票では時間をかけて行うべきなので、運動期間は最大の180日が望ましい、と私は10年前から言い続けているのですが。

本間　賛成派の主導のもとで、本当にフェアな取り決めがなされるのか。第2章で述べた、投票日をどう決定するのかのときの繰り返しになりますが、僕は政治家の「良識」を信用しすぎるのは、危険だと思いますね。

反対派が博報堂に相手にされない可能性

南部　（A）と（B）で、与党と電通が組めば「CM枠の確保」でも「コンテンツ制作」でも賛成派が圧倒的に有利で、最悪の場合、反対派は視聴率の低い深夜の「売れ残り枠」しか確保できないうえ、CM制作でも不利になる可能性が見えてきました。

しかし、ここで疑問があります。賛成派の与党は電通と組むのですよね。それなら、反対派は博報堂と組めばいいのではないですか？　これまで民進党は博報堂とペアだったのですし、博報堂とのつながりもあるのでは。

本間　理由（C）「賛成派は電通と組む」に行きましょう。たしかに博報堂も電通の半分程度ですが「オイシイCM枠」を持っています。また、コンテンツ制作力は電通に引けを取らないでしょう。電通と博報堂が同時に「ヨーイ、ドン」で争ったら、決して賛成派CMばかり流れるということにはならないはずです。

しかし、それはフェアな戦いならばの話です。与党から数か月から1年先のスケジュールが伝えられ、フライングしてスタートできる電通が本気でCM枠を押さえにかかったら、博報堂でさえ不利になります。

南部　なるほど、スケジュールをコントロールしやすい与党が電通と組むから、とんでもないパワーを発揮することになるわけですね。

本間　そもそも反対派は博報堂と組めばいいと簡単に言うけれど、本当に博報堂が反対派の広告を受注するかは分からないですよ。電通はずっと自民党と強固に結びついていますから、彼らが賛成派を裏切ることはないでしょう。きっと電通の担当者は、自民党の議員や職員に広告宣伝プランをすでに提案しているはずです。それが正式なプレゼンのレベルなのか、口約束レベルなのかは分かりませんが。
　しかし今後、反対派に先んじて、賛成派が博報堂にも広告発注をかけたらどうなるでしょうか。
南部　賛成派が電通にオーダーしたうえで、博報堂にも声をかけるということですか？
本間　賛成派から話が来たら、博報堂内ではまず「うちは立憲民主党や民進党を担当しているけれど、どうしようか」という会議が開かれるでしょうね。それで、立憲民主党がこのまま国民投票のCMをやらないだろうという読みがあれば……。
南部　さすがにそれはないでしょう。
本間　反対派がCMを打たない可能性は高くないと思いますよ。でも、2017年の衆院選で民進党が分裂したことを考えてください。立憲民主党や民進党は博報堂が広告宣伝を担当したけれど、どちらも分裂騒ぎでろくに準備ができず、広告の量は大したことがなかった。
南部　そうか。2017年の衆院選で、博報堂は本来なら野党第一党の巨額の広告宣伝を受注できたはずなのに、その機会をフイにしたのですね。

本間　博報堂は大きな商機を失ったのです。もし、早い段階に賛成派からオーダーが来て、しかもそれが巨額だったら、迷うのではないかな。賛成派に、「ウチは立憲さんを担当してますけど、いいのですか？」とお伺いを立てて、同時に反対派の様子を確認する。今回もひとつにまとまらないで、結果、機会を逃すかもしれないと思ったら、賛成派に乗るかもしれない。

電通が自民から得ているのは、広告宣伝費以外にも有形無形のさまざまなものがあるから、裏切ることはないでしょう。しかし、博報堂が野党である立憲民主党や民進党から得られるものは、そこまで大きくはないですよね。

彼らも商売ですから、賛成派の広告を引き受ける可能性は十分あると思いますよ。

南部　博報堂が自民党の広告を手がけたことはあるのですか。

本間　内閣府などが行う政府広報を博報堂が担当することはありますよ。しかし選挙広告を博報堂が担当したことはないはずです。また、希望の党や維新の会（全国）もやってはいないですね。

南部　博報堂が賛成派の広告を担当することになった後に、反対派が広告を依頼したら、博報堂は引き受けてくれるのでしょうか。

本間　それは難しいだろうから、反対派は業界3位のADKに依頼することになるのではないでしょうか。

だから大事なことは、反対派が早い段階で博報堂などの代理店に声をかけて、発議されても対応できるよう一緒に広告戦略を練っておくことです。

しかし、反対派は「憲法改正絶対反対」と発議阻止を主張するばかりで、発議された後に国民投票でどう否決するかを考えているようには見えない。発議後を考えている議員を見つけたら、左派は「まずは発議を阻止することを考えろ！」と批判を浴びせるのではないでしょうか。これほど足並みが乱れている状況で博報堂に話をもっていっても、相手にされない可能性すらあるのではないかと僕は危惧しています。

通常の選挙よりもCMが多くなる

南部　賛成派が有利な理由（D）に行く前に、またもうひとつ疑問がわいてきたので教えてください。
通常の国政選挙の期間中も、政党のＣＭが流れますよね。突然の衆議院解散で選挙になる場合、どの政党にとってもいきなりの状況で、準備もほとんどできていないと思うのですが、ＣＭはどの政党もそれなりにきちんと放送されている印象がある。突然の選挙になった場合、政党はいつ枠を押さえ、ＣＭを制作するのでしょうか。

本間　突然の衆議院選挙でもＣＭが流れているのだから、国民投票でも反対派がＣＭを打てないなんてことはないだろう、ということですね。

南部　そうです。通常の選挙で流れる政党ＣＭは、15秒のスポットですか。

本間　はい、30秒のタイム枠はもう空いていないし、選挙期間は２週間程度です。番組提供するなら半年間はＣＭを流すことになるので、もったいないですから。
そのスポット枠は、衆議院の解散が確定的になってきた段階で代理店が動きます。どの陣営も基本的に「ヨーイ、ドン！」で動き始めるから、自民党以外の党もＣＭの枠を確保できる。そうは言っても資金量が違うので、結局は自民党が一番多くなるのですが。
コンテンツ制作についても、出演するのは党総裁や党首と、エキストラの人が中心ですよね。タレントが出るわけではないから、党内でスケジュール調整できれば撮影できる。だいたいプランを描き始めてから撮影まで、数日でしょう。代理店の人間は会社に寝泊まりする日が続くというわけです。

南部　つまり、通常の選挙でCMが流れるのは15秒スポットCMだが、国民投票運動のCMは30秒タイム枠が加わる可能性がある。このタイム枠は半年前から準備していないと確保できないし、スポットCM枠の確保は、発議後にあわてて動き出したとしても、もう遅いということですか。

本間　そうです。通常、大企業のキャンペーンなどでスポットCMを購入する場合、1～2か月前くらいから枠の押さえにかかります。もちろんほかの企業からの申し込みもありますから、調整して確定するのは放送1週間前くらいです。ですから発議の翌日からCMを流そうとするなら、少なくともその1か月ほど前から枠を仮押さえする必要があるのですね。そういう事前準備ができないと、反対派はゴールデンの時間帯にCMが流せなかったり、流せたとしても圧倒的に少なくなる可能性があるわけです。

事前運動を堂々と行える「意見広告」

本間　僕が思うに、通常の選挙よりもＣＭの量は多くなるのではないかと思いますね。というのは、極論すれば衆参の選挙は負けてもまだ次があるじゃないですか。でも、仮に9条改正を発議して国民に否決されたら、向こう数十年もう絶対に自衛隊明記なんてできないですよ。乾坤一擲《けんこんいってき》、絶対に勝たなければいけない。だから必死で金集めして、なりふり構わず宣伝するでしょう。ＣＭが少なかったりしたら、それは賛成派が余裕で勝てると思っているから、ということだと思います。

そもそも、国民投票ＣＭは本当に発議後から流れ始めるものなのでしょうか。発議の前から、テレビでガンガン流れてしまうことも考えられますよね。規制する法律もないですし。

なんとなく国民投票の広告合戦は国会で発議後に始まることをイメージしている人が多いと思いますが、憲法改正を望んでいる人たちはその前から着々と準備しているわけですよね。それなら、発議前の国会論戦の最中から、あらゆる広告手段を使って憲法改正を呼びかければいい。僕が賛成派の代理店の人間なら、絶対にそうしますね。これは「国民投票のＣＭ」ではなく、自分の意見を伝える「意見広告」としてね。

南部　公職選挙法では「事前運動」を禁止していて、たまにこれを破って逮捕される政治家が出てきますね。でも、国民投票法では規定がない。国民投票運動の始まりと終わりはいつなのかも、明文規定がありません。

もちろん、国会が発議し、公示という手続きを経て初めて「憲法改正案」が世に示されるというのが法の建前ですから、実際に発議される前に、賛成・反対を主張するのは理屈の上ではできません。

もっとも現実には、憲法改正案の国会審議が始まれば、その内容は公のものとなるし、審議終盤ともなれば「来週あたり参議院で採決かな」とか「投票日は何月何日になりそうだよね」ってことが分かってきますからね。そうした状況がある程度固まってくれば、広く、賛成・反対のキャンペーンをスタートさせることは可能です。「国民投票公示前運動」とでも呼ぶべきでしょうか。

本間　ちなみに、この時はまだ国民投票広報協議会による「広報放送」は始まっていませんよね。「有志」によるCMだけがバンバン流れている、という状態なわけだ。これはなかなかすごい状況ですね。

南部　同感です。

CMを認知させるには最低40億は必要

南部　ただ、電通がゴールデンのCM枠を押さえることができるといっても、実際に行うには莫大《ばくだい》な金額が必要ですよね。与党といえども、そんな額を用意できるのでしょうか。

本間　正攻法ではないやり方で、それを可能にする方法がいくつもあると私は考えています。改憲側が有利な理由（D）「与党は圧倒的に金集めがしやすい立場である」に行きたいと思いますが、その前にCMの値段について説明しましょう。

CMの価格というのは放送される時間帯によって大きな差があるのですが、ゴールデンタイムにキー局でCMを出そうと思ったら、1本単価にすると300～500万円くらいの金額、視聴率が高ければそれ以上の値段になるのです。視聴率とコストの計算は非常に複雑なのでここではしませんが、一般的にある企業が新製品の告知に、「五大都市圏」で

「2週間ほどのCMキャンペーン」を行い、ある程度の認知を得るには、10億円程度の予算が必要だと言われています。

つまり、発議から投票までが最低の60日間だったとすると約8週間ですから、「あ、反対派のCMやってるな」と認知されるためには、最低でも40億円程度の予算が必要だということになりますね。でも、これは最低ラインで、賛成派がそれ以上の金額を投入すれば目立たなくなってしまうのです。

南部　単純計算で、180日なら約130億円ということですね。

本間　そうなります。ここで南部さんに伺いたいのですが、一般論として、政党が出す「広告資金」の原資は何が想定できますか。

南部　まずはやはり「政党交付金」ですね。これは一定の要件を満たした政党に対して国庫から支給されるお金で、議席数と選挙の得票数に応じて、各党に配分される仕組みです。共産党はこの制度そのものに異論を唱えていて、交付金を受け取らない方針を貫いていますが。

本間　元々は国民の税金ですよね。

政党交付金等の受取り額 (2017年)

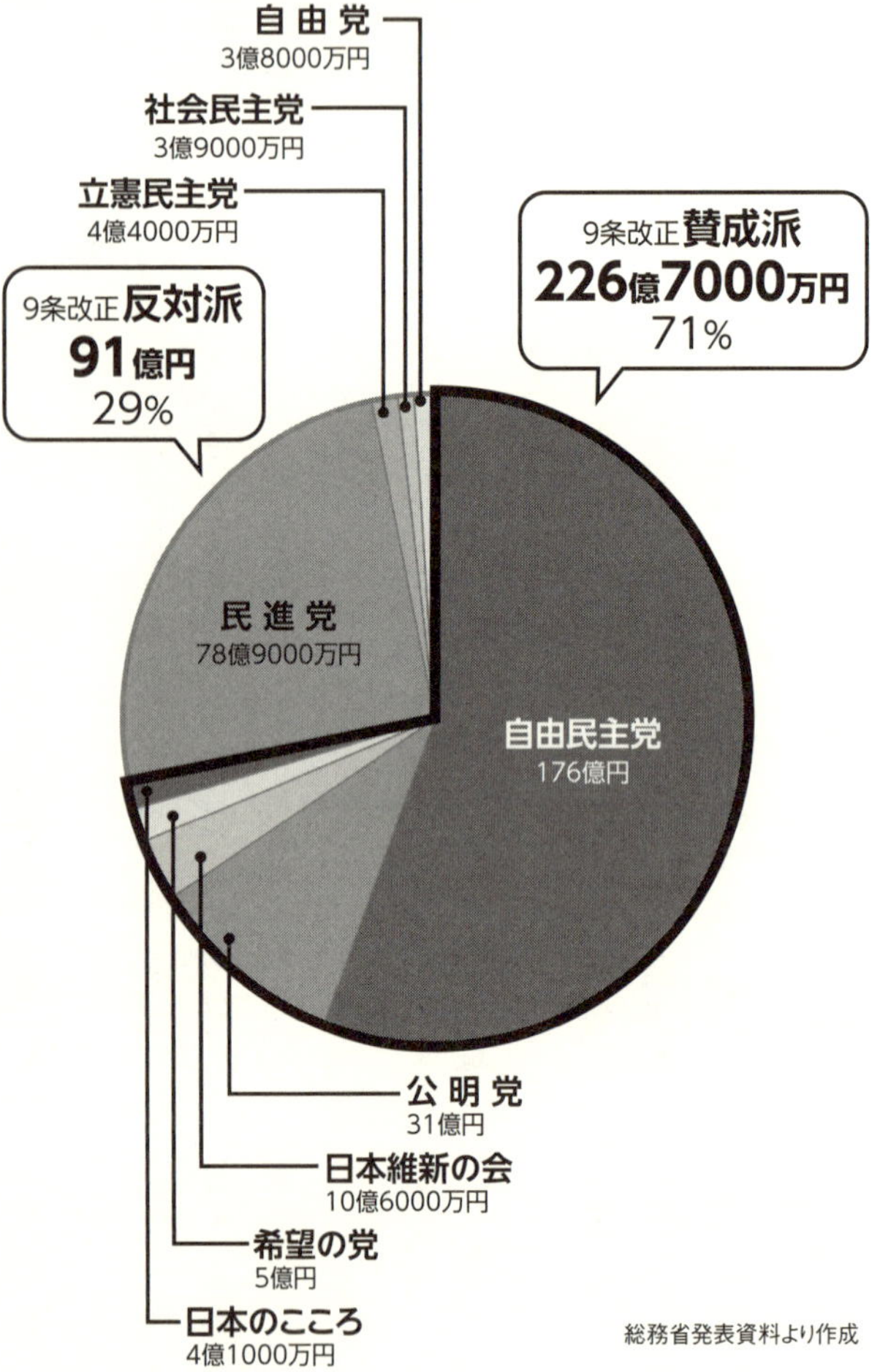

政党交付金等の総額317億7000万円のうち約7割を賛成派が受け取っている。

南部　税金です。政党にとっては自動的に国から入って来るものですから、当然、これを使わない手はないと思います。

２０１７年の政党交付金の額を見ると、総額約３１７億７０００万円。内訳は、１位の自民党が約１７６億円、２位が民進党で約78億９０００万円、３位が公明党の約31億円、４位が日本維新の会で約10億６０００万円。立憲民主党は約４億４０００万円です。憲法改正に賛成する勢力が得る額は圧倒的です。

本間　そもそも、憲法改正の発議が行われる場合、３分の２以上が賛成派ということですから、最低でも政党交付金の３分の２が賛成派の政党に支給されることになりますね。

巨額の政治献金が、賛成派を後押しする

南部　こうした「政党交付金」に加えて、各政党が独自に集めた「政治資金」も広告宣伝費の原資になるでしょう。政治資金とは、政党の「資産」や「事業収入」、党員や党友から集める「党費」、そして個人、企業、団体からの「政治献金」、つまり寄付などが含まれます。

本間　改憲のテーマ次第で、政治資金の集まり方も変わってきそうですね。「教育無償化」なら、経団連は応援しないかもしれないけれど、教育関連産業や学校法人とかは支援に回るだろうし、「9条改正」なら、軍需産業などに関連する企業が参加する経済団体は積極的に支援する可能性が高い。

実際、2017年の総選挙後にも、経団連の会長は、安倍政権の進める政策について「内政・外交両面で高く評価できる」「民主政治の維持には相応のコストが不可欠で、企業の社会貢献の一環として（政党への）寄付は重要な意味を持つ」と、4年連続で会員企業に自民党への政治献金を呼びかけている。

このように、経団連などを通じて、与党・自民党と強く結びついた日本の産業界が、安倍政権の「最重要課題」である憲法改正にわざわざ協力しないというのは、正直、想像しづらいと思います。

南部　そうですね。2017年に発覚した、森友学園や加計学園問題を見ていると、今や「政権との距離の近さ」がダイレクトに利益へつながることがはっきりと示されています。そんな中で、敢えて政権に盾突き、憲法改正に反対する立場をとる大企業はなかなかいないでしょうね。

本間　それに、国民投票は総選挙と違って、政権政党を選ぶわけではない。仮に改憲案が否決されて内閣が総辞職したとしても、自民党は与党のままです。そんな状況で、反対派に寄付をして、与党に嫌われようという企業はないでしょう。せいぜい雑誌の「通販生活」くらいじゃないか（笑）。

それに、経済界、産業界だけでなく、かねてから改憲を強く望んできた「日本会議」などの保守系、右翼系の市民団体、あるいは「神社本庁」のような宗教法人が、自民党の政治活動を支援することは間違いないと思います。

一方で、反対派は中心になる政党も代理店も決まっていません。反対派を支援する団体は小規模のものが多いから、動員力や集金力では、日本会議のような賛成派の団体には太刀打ちできないでしょう。個人や団体からカンパを募るにしても時間がかかりますから、ここでも反対派はスタートダッシュがしづらいと言えます。

フロント団体を受け皿にするという「裏ワザ」

南部　ただ、消費者から「憲法改正を積極的に支持している」と思われることを避けたい企業は多いようにも思います。自民党への献金が極端に増えるということはないのではないでしょうか。

というのも、金額の上限が決められていたり、収支報告の義務があるなど、政党への政治献金は「政治資金規正法」でさまざまなルールが定められています。会計報告をしたら、どの企業がCMの担い手だったか、一目瞭然《いちもくりようぜん》になってしまう。仮に9条改正が争点になったとして、自民党が献金を呼びかけた場合でも、発議の前後で、自民党への献金を大幅に増やす企業は少ないのでは。

本間　いえ、そうとも言えません。私は「裏ワザ」があると思っています。

まず、テレビCMは「お金さえあれば誰でも流すことができる」というわけではないことは、第2章でお話ししましたよね。テレビ局は基本的に広告代理店の信用を介してしか、CM放映の枠を売りません。また、大手広告代理店では「広告主」や「広告コンテンツ」

に問題がないか審査を行う部署があります。いきなり、わけの分からない団体から「1億円あるからCM打ちたい」と言われても、何の実績もなければ、代理店の段階で「すみません」ってお断りしてしまいます。

南部　どのような基準で審査するのでしょうか？　例えば、憲法改正を強く主張している保守系の市民団体「日本会議」がCMを流したいと言えば、審査に通りますか？

本間　うーん、どうだろう？　微妙なところですね。以前ならともかく、日本会議に関してはここ数年で「安倍政権を陰から操る極右団体」といった報じ方をされることが増えています。そうなると代理店やテレビ局も、さすがに神経質になるかもしれない。

ただし、これが「日本会議」という名前ではなく、事実上、日本会議のフロント団体だと言われている「美しい日本の憲法をつくる国民の会」の名義だったら？　国民投票運動のテレビCMが許されている以上、審査を通す可能性は高いのではないかと私はにらんでいます。

それに、規模もそれなりに大きい「憲法改正を目指す市民団体」のCMを代理店やテレビ局がむやみに排除すれば、逆に「健全な国民的議論をメディアが恣意的に妨げている」

という批判を受ける可能性もありますよね。

南部　それなりに規模の大きなところというと、ＣＭのスポンサーになれる団体は多少、限られますね。

本間　でも、実際のところ、テレビ局と代理店が気にしているのは支払い能力の問題なのです。

　普段なら、これまで取引のなかった会社が「来年から年間10億円のＣＭを打ちたいのですが」って言ってきても、代理店は「すみません、御社とはまず1億円からお付き合いさせてください」となる。それで1年やって支払いがきちんとあったら、だんだん扱う量を増やしていく。

　しかし、ちょっと怪しい団体で、国民投票の運動期間は最大１８０日だから信用を積み上げていく時間がないという時は、自民党に口添えをしてもらえればいい。政権与党がバックについているなら、審査部も細かいことは言わないでしょう。

　安倍首相夫妻の後ろ盾を匂わせた森友学園の籠池泰典《かごいけやすのり》理事長（当時）が、財務省から土地の払い下げ金額の極端な値引きを受けられたような感じですね。

南部　与党が後ろ盾になるなら、国民投票のためだけにできた即席の「フロント団体」でもスポンサーになれますね。

本間　それでも審査部が渋るようなら、CMに学者やタレントを出演させ、彼らを前面に押し立て「こんな権威のある人や有名人が意見を表明しているのに、それを排除することはないですよね。言論の自由はどうなっているのですか」と主張したらいい。

また、宗教法人でもすでにCMを流している団体がありますから、これらはテレビ局としても「実績」と「信用」があると見なさざるを得ない。もちろんCMの内容にもよりますが、保守的な宗教団体が「国民投票運動としてのテレビCM」を希望した場合も、断るのは難しいのではないかな。

ほかにも、外国人も運動主体になれますよね。

南部　名称を挙げられる限りでは、R・アーミテージ氏の財団など、その影響力を懸念する声は以前からあります。同氏は、その政治力を背景に、日本政府に対し集団的自衛権の容認を迫った人物ですからね。一般に、海外の有力人物、組織が日本の憲法改正国民投票運動のために出資することは可能です。

あとは、内閣官房の機密費です。憲法改正の発議に賛成した有力議員、さらには賛成を訴える著名人、文化人、御用学者などに対して資金が流れていく可能性は否定できません。

本間　官房機密費の額がどの程度か分からないけど、これが資金としてフロント団体に寄付されたらチェックのしようがないですね。

南部　そうなると、審査を通るなら、既存の政党ではない企業や団体、宗教法人が、テレビCMを通じて国民投票運動を堂々と展開する可能性があるわけですね。しかも政党と比べて、それらの団体には資金の「入」と「出」についての厳しい規制がない。

本間　おまけに、彼らは政党でないから会計報告を公にする必要がないのではないですか。

南部　おっしゃる通りです。市民団体などからの監査請求に対し、「○○株式会社から○億円の寄付を受け取った」という収支報告を公開する義務はありません。

そうすると、賛成派の政治家から「○×という団体が今度CMを打つので、そこへ寄付をしてくれたら助かる」と言われたら、消費者から憲法改正に積極的だと思われたくないけれど、与党や賛成派の政治家に恩を売りたい企業は、寄付したことを世間に知られずに憲法改正を後押しすることができる。本間さんの言う裏ワザとは、こういうことですか。

本間　そうです。広告宣伝をするために「フロント団体」を受け皿として用意するのですね。

もちろん上場企業は有価証券報告書で献金や寄付を公表することになるので、そこから辿《たど》ることはできます。でも、上場していない子会社や中小企業が寄付したら、一般の人には調べようがない。

与党と仲良くするとどれだけいいことがあるか、テレビで連日報道されている中で、企業は世間に知られずに貸しを作ることができるわけです。賛成派の集金能力は、反対派を大きく上回ることになるでしょうね。

代理店が「政治献金集め」を手伝う可能性

本間　ここからは、あくまで「可能性」としての話ですが、僕は代理店が日本全土に張り巡らせたネットワークをフル活用して、資金集めを間接的にサポートするということもありうると思います。

南部　それはつまり、広告代理店が本来の広告業務ではなくて、自民党などの政治献金集めを手伝うということですか？

本間　もちろん僕も、例えば電通が正式な「業務」として自民党の政治献金集めを請け負うとは思いません。それでも、いわば営業活動の一部として「お手伝い」することはあるかもしれない。

要は、自民党本部や地方支部の人間が「○○工業とか○○建設からは金を引っ張れると思うぞ」と言うのを受けて、電通の担当者がその会社の社長に「自民の○○先生に言われてきました。賛成派へ寄付をしませんか」と耳打ちするわけですね。

南部　代理店側にも、それを行うインセンティブが働きますね。

本間　そうです。仮に電通が「お手伝い」することで、賛成派がより多くの運動資金を集められれば、その資金の多くが国民投票運動の広告宣伝費として仕事につながり、最終的には電通の「売上」という形で返って来るわけですからね。

現行の国民投票法では、広告宣伝費に制限がなく文字通りの「青天井」。これは、代理店やメディアから見れば、政党や団体が多くの広告宣伝費を使って広告合戦が過熱すればするほど儲《もう》かる、という構造です。その合戦をさらに過熱させるための「燃料」となる資金集めなら、「ボランティア」でお手伝いしても、代理店には十分に見返りが期待できることになります。

その地元でずっと活動をしてきた政治家なら、地元のどの企業がどのくらい献金するか予想できるはずです。そのお金をベースに、どのエリアでどのくらい広告を出すか計画を立てます。保守派が多い地域よりも、リベラルが多い場所に出した方がいい、とかね。

この作業も、地域ごとに過去の番組の視聴率を把握している大手代理店なら、より綿密に戦略を立案できます。

南部　もしそうだとしたら、最初から最後まで電通は賛成派に寄り添っていくことになるのですね。

リベラルの「困った時の吉永小百合だのみ」は実現可能なのか?

南部　一般論として、予算が多い方がCMの質は高くなる、と考えていいのでしょうか。

本間　基本的にはそうです。資金が多ければその分「できること」も増える。多くの有名人やタレントをCMに起用することも可能です。特に国民投票のCMの場合、広告のターゲットとなる有権者は18歳から高齢者まで非常に幅広い世代を想定する必要がある。
例えば「若者向け」「30～40代向け」「高齢者向け」など、それぞれの世代別に人気のある著名人やタレントを起用したCMを何本も作り、世代ごとにキャッチコピーなどを変えた効果的な広告宣伝を行うことだって、資金さえあればできるわけです。

南部　有権者の世代別にCMを「カスタムメイド」するという感じですね。

ただ、反対派に資金がなくても、その理念に共感してくれる人が格安で出演してくれて、結果としていいものができる可能性はあるのでは。あくまで勝手な印象でお名前を出しますが、吉永小百合さんや坂本龍一さん、宮崎駿《はやお》さんといった方は抜群の知名度を持ちながら、実にリベラルで、平和志向の強い発言をされていることで知られています。危機感を持った彼らが手弁当で出演してくれて、十分な資金がなくても質の高いCMが作れる可能性を期待できないものでしょうか。

本間　そう主張するリベラルは多いですよね。本当にびっくりするくらい大勢いる（笑）。でも僕ははっきり言いたい。「困った時の小百合だのみ」を主張している人に、実際に吉永さんと交渉したことがある人間がいるのでしょうか。

出演してくれるかどうかなんて、実際に交渉してみないと分からないですよ。坂本龍一さんはニューヨークにお住まいですよね。じゃあ、誰がニューヨークに行って交渉するのか。出演交渉となると、メールやスカイプでお手軽に、というわけにはいきません。発議された後にアポイントを取ろうとしても、半年先までコンサートツアーや映画収録予定で埋まってますということもありうるでしょう。

宮崎駿さんに護憲のアニメCMを作ってほしいと依頼するにしても、「すぐCM流したいので2週間で作ってください」などとはお願いできませんよね。

南部　通常のCM制作では、出演者のオファーから撮影までどれくらいかかるのですか。

本間　人によって全然違いますが、最低でも1か月はかかりますね。出演を受けてもらえたら、撮影スタッフを集めないといけない。もし海外にお住まいで帰国する時間がないなら、現地で急ぎスタッフを集めたりする。その段取りが本当に大変なのですよ。

南部　なるほど。タレントさんによっては、事務所が嫌がるパターンもありそうですね。

本間　反対派のCMに出るということは、政府に弓を引くってことですからね。タレント本人は出演したいと思っても、事務所は会社全体のことを考えて断るパターンもありうる。

この手の交渉は本当にやってみないと分からないし、時間をかけないとうまくいかないものなのです。だから、発議の前から交渉事に慣れた代理店の人間を使って、戦略的に進めていかないといけない。

賛成派のCMだけ安く提供される?

本間　それから、僕が指摘したいのは、「お金があれば○○ができる」という単純なメカニズムだけではないということです。

「賛成派」と「反対派」という、主張が相反するふたつの国民投票運動の広告合戦で、一方の資金量が「圧倒的な優位」になったとします。すると、その「圧倒的な優位」そのものが、メディアに対するさまざまな「影響力」、時には「支配力」として作用し、「更なる優位」を生み出す危険性があるということです。

分かりやすく言い直しましょう。テレビやラジオなどの民放各社は、「広告発注の多い顧客」に対して、さまざまな形で「便宜を図る」可能性があるということです。

南部　お得意さんを優遇すると。

本間　ええ。しかも今回は、圧倒的なシェアを誇る電通という、テレビ局にとってはスポンサー以上の「最重要顧客」が、この国で最も大きな権力を持つ「与党」の広告宣伝戦略の窓口となる。そして、そこに注がれる広告宣伝資金でも、反対派を大きく上回る可能性が高い。

ビジネスという視点で見た時、メディアにとってどちらが「優先すべき顧客」であるかは、誰の目にも明らかですよね。

南部　その場合、具体的にどのような「便宜」が考えられますか？

本間　これもあくまで一般的な「可能性」としての話ですが、まずは「同じＣＭ枠」でも、値段が一定とは限らない。お得意さんに対して値引きするというのは、商売として考えれば極めて普通の発想ですよね？

南部　つまり、賛成派の広告枠が反対派のそれよりも、安く提供されるということですか。

本間　もちろん「可能性としては」という話です。しかし、過去に政府広告が安く提供された事例があります。

政府が出すＣＭや新聞広告って見たことありますか？　最近だと、北朝鮮のミサイルが飛んで来たら「地面に伏せて頭部を守ってください」っていうバカバカしいものがあったと思います。ああいった新聞広告枠を年間いくらで購入しているのか、黒藪哲哉さんというジャーナリストが情報公開請求したのですね。するとほとんどが黒塗りで、新聞社の名前と日付、あとすべてを足した総額だけが出てきたのです。

黒藪さんから「実際に新聞に載った広告と照らし合わせて、定価だといくらか分かりませんか」と言われたので、僕も協力して70紙をすべて計算してみました。新聞広告の正価は公表されていますからね。すると、4割くらい安かった。

南部　それは、なかなか手間のかかる作業だったでしょう。

本間　それはもう、大変でしたよ。もちろん「新聞も広告が入らない時代だから、安く提供しているのです」という可能性はある。でも、本来、政府の新聞広告は定価でやるのが基本なのですよ。新聞社は、定価で売れるものをわざわざ値引いている。

南部　政府と仲良くしたい新聞社が、わざわざディスカウントした可能性がある、と。

本間　はい。それに「枠の確保」という点でも、発注の多い顧客が優遇されることも考えられます。テレビCMでの圧倒的な存在感を持つ電通を介して、賛成派から巨額の「国民投票特需」が流れ込んでくるとなれば、広告枠の確保でも更なる便宜が図られるという可能性も否定できません。

要するに、本来であればテレビ局は電通と博報堂の両方に声をかけるところ、電通だけに知らせることもありうるし、同じような条件を提示されたら電通を優遇するなんてことも考えられるということです。

南部　これも、普通の商取引で言ったら、当たり前の話ということですね。

北朝鮮のミサイル映像と共に「改憲しないとこの国を守れない！」

南部　ここまで、ＣＭの枠の確保とコンテンツ制作、そして資金調達に、賛成派がどれだけ有利になるかということを見てきました。それを受けて、どんなＣＭが作られる可能性があるのでしょうか。

本間　すぐ思いつくのは、明るい家庭や友人たちがにこやかに生活しているシーンを見せて、「この平和な日本をこれからも守るためには（発展させるためには）改憲が必要です」と語るものとか、「北朝鮮のミサイル発射映像」を流して「憲法を変えなければこの国は守れません」みたいなものでしょうか。賛成派は安倍首相を筆頭にどうしてもコワモテイメージがあるから、まずはそれを打ち消して浮動票を獲得するために、できるだけソフトで先進的なイメージを作ろうとするはずです。

あとは、「フェイクニュース」まがいのCMもありうるでしょう。

南部　第1章で述べたように国民投票は人を選ぶ選挙ではないので、公職選挙法のように内容に踏み込んで禁止していません。もちろん明らかなデマや誹謗《ひぼう》中傷する内容ならば民事、刑事の事件として司法上の解決を目指したり、JARO（日本広告審査機構）に訴え出ることはできると思いますが、結論が出るころには投票が済んで、その結果が確定している可能性がありますね。

本間　市民団体が、立憲民主党の議員の顔写真を載せ「中国とつながっている政治家には日本は守れない」という広告を出したら、これは名誉棄損になりますか。

南部　「つながっている」という言葉は曖昧で、どんな政治家も中国の人との交流はあるでしょうから、たいていの政治家は中国とつながっていることになりますよね。ですから、この文言だけで名誉棄損に問うことは難しいでしょう。いかにも犯罪者といった取り上げ方をしていなければ、それだけでは犯罪や不法行為に当たらないでしょうね。

ゴリ押しに抵抗できないテレビ局「審査部」

本間　こういった話は、基本的には代理店やテレビ局の審査で弾かないといけないことです。しかし、近年その審査が杜撰《ずさん》になってきていますね。例えば、２０１７年の衆院選で自民党は「幼児教育無償化」を公約としていて、選挙期間中のＣＭでも大きく謳《うた》いました。

しかし公職選挙法では、公約は選挙期間中のＣＭで訴えることはできませんよね。自民党が幼児教育無償化を公約として訴えてきたのだから、本来ならこのことはＣＭで流せないはずです。

南部　公職選挙法では、政党は選挙運動のためにＣＭを流すことはできません。公正さを保つために、テレビで選挙公約を訴えることができるのは「政見放送」だけです。選挙の時に流れるいわゆる政党ＣＭは、選挙運動が目的ではない「日常の政治活動」だということになっています。

本間　この時も、あるテレビ局の審査部では、当然ながら問題になりました。しかし、局

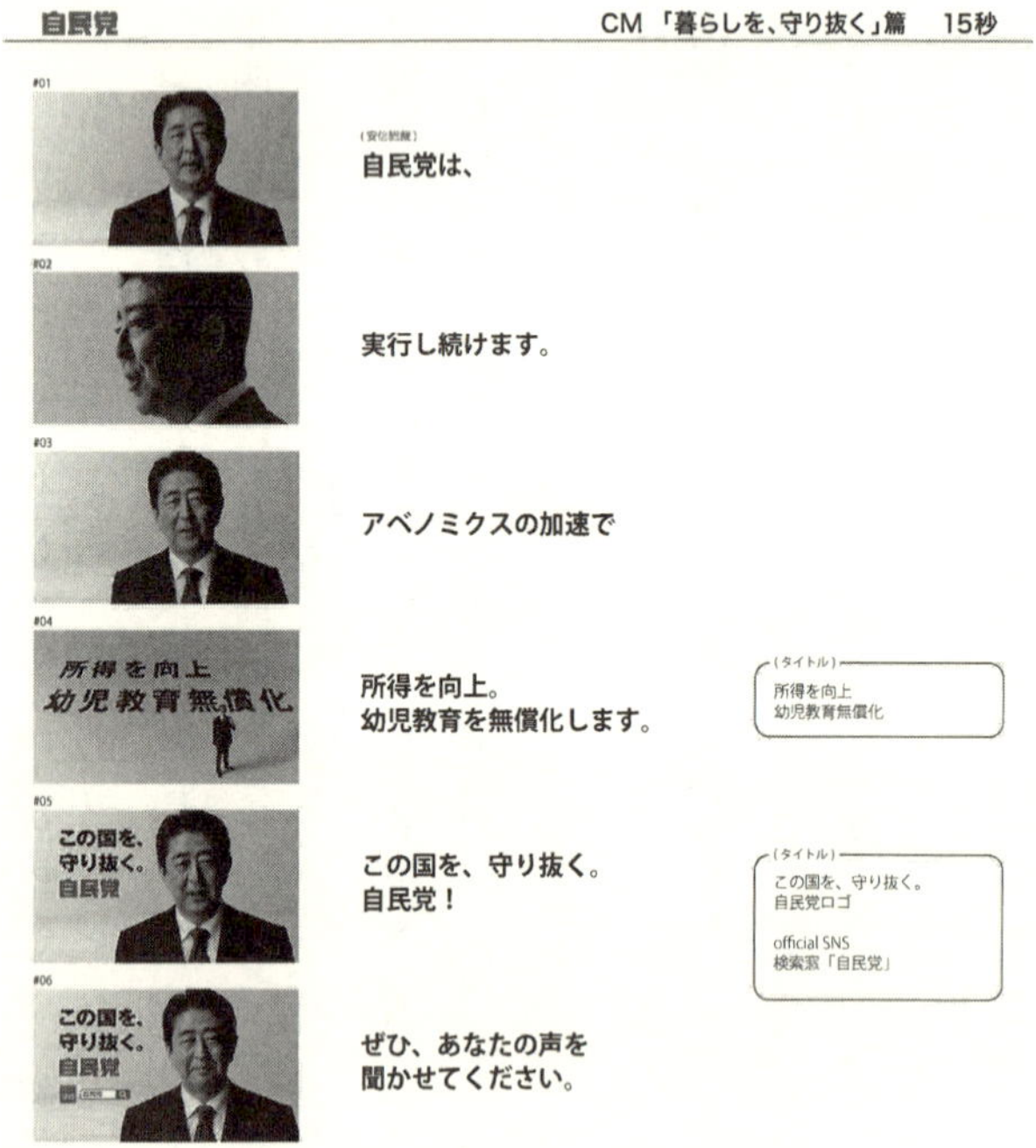
自民党
CM「暮らしを、守り抜く」篇　15秒
#01
（安倍総裁）
自民党は、
#02
実行し続けます。
#03
アベノミクスの加速で
#04
所得を向上
幼児教育無償化
所得を向上。
幼児教育を無償化します。
（タイトル）
所得を向上
幼児教育無償化
#05
この国を、
守り抜く。
自民党
この国を、守り抜く。
自民党！
（タイトル）
この国を、守り抜く。
自民党ロゴ
official SNS
検索窓「自民党」
#06
この国を、
守り抜く。
自民党
ぜひ、あなたの声を
聞かせてください。

本間氏が入手した、自民党ＣＭの絵コンテ。自民党ＣＭは４パターンあったがうち２つで、このように幼児教育無償化が堂々と謳われていた。

の営業部は、もし放送しなければ数億単位の収入がフイになるし、「他局はこれを放送する可能性がある。ウチだけ自民党のＣＭが流れないことになったら責任とれるのか」と圧力をかけたのです。社内の序列では営業の方が上ですから、無理が通ってしまった。「営業受理」といって、審査部はＯＫを出していないけれど、営業部の責任で流すことになったのです。ほぼ毎回、そういう流れですね。

南部　「営業受理」ですか。

本間　しかも、こんなことは今回が初めてじゃない。２０１６年の参院選でも、営業受理で審査を通っていない自民党のＣＭが流れている。結局、テレビ局はそういう体質なのですよ。

南部　こんなことが二回も続けば、それが事実上の基準になってしまうのでは。

本間　おっしゃる通りです。次に自民党が基準を通らないＣＭを用意してきたとしても、「前回も前々回もＯＫだったじゃないか」と言われれば、撥《は》ね除《の》けられない。

南部　この時の自民党の代理店は電通ですか。電通の審査は通ったことになるのでしょうか。

本間　2016年も2017年も電通で、審査を通っていますね。代理店の審査は歯止めにはなっていないのです。だから、テレビ局や代理店の審査部には大きな期待はできません。やたらと煽情的なものやあからさまなプロパガンダCMも、放送されてしまう可能性があります。

「忖度《そんたく》」の影響は番組内容にも

南部　「番組の提供枠」についてふと思い出したのですが、ドラマやバラエティ番組の出演者を選ぶキャスティングに、「スポンサーの御意向」が大きく影響するという話をよく耳にします。時にはそうした娯楽番組だけでなく、ニュース番組や討論番組などの報道番組でも、キャスターの降板や出演者の人選などについて、その真偽はともかく「スポンサーの御意向が影響している」といった声もありますよね。実際、ニュース番組の報道姿勢を理由に「スポンサーを降板する」と、公然と番組の内容に圧力をかける企業もあるようですし。

本間　僕が一番心配しているのも、実はその点です。賛成派と反対派、それぞれが流すC

Mは「立場」がハッキリしている。視聴者も「これは賛成派のＣＭだから」とか「これは反対派のＣＭだから」という前提で接するわけです。

しかし、本来は「公平」な立場であるはずのニュース番組や朝のワイドショーなどでも、キャスター、出演者、コメンテーターなどの選び方、番組の構成やカメラワークなどの演出で、視聴者の印象を操作することは簡単にできます。例えば討論番組で、賛成派は若手論客を中心にキャスティングして、反対派は高齢の知識人を多めに呼ぶ、とかね。そうすると当然、賛成派は若々しく活発で、改革者的なイメージに映ります。

放送法では、放送の「見せ方」や「演出」についての規定がありません。仮にそうした「番組内容」への間接的な影響、圧力があったとしても、それがあからさまなこと――例えば、各派の出演者の人数や、発言時間が明らかに不公平だというレベル――でない限り、基本的には「番組制作上」「演出上」の問題として扱われることになります。

こうした、広告主に「忖度」して「便宜を図る」のは、放送局が日常的に行っていることです。

南部　まさに、本間さんが『原発プロパガンダ』などで指摘している問題そのものですね。

本間　そうです。これは僕が取材を通じて得た実感ともつながります。３・11の原発事故後も、原発推進の立場を維持し続ける電力業界や政府を通じて、巨額の広告費がメディアに流れ込んでいる。そのことがさまざまな形でメディアの姿勢に大きな影響を与え、原発をめぐる世論にも大きな影響力を持っていることを、僕はあの本をまとめる過程で改めて感じました。

悲惨な原子力事故を経験した日本が、今後の原発政策をどう考えるのかという、それこそ「国民的な議論」が求められるテーマについて、その議論を「広告宣伝費」の大きさや、巨大な広告代理店の影響力が左右していいのか？　この疑問は、そのまま、今回の「国民投票と広告」の問題にもあてはまる気がします。そして、憲法改正でも原発と同じように、広告マネーで議論を歪めていいのかということを、改めて日本人は考えなければいけないはずです。

相手の「良識」を頼りにしてはならない

本間　この章を振り返って、南部さんはどう感じましたか。

南部　現行の国民投票法が全く想定できていない問題が多すぎるという印象を受けました。と同時に、こうしたわれわれの議論を、「常識的にありえない」と切り捨てる人もいるだろうなと思いましたね。例えば、自民党や政治団体が、ニュースやバラエティ番組を「タイム枠」で提供するなんて、普通に考えてないだろう、と。

本間　そういう反応はありうるでしょうね。それに対する私の答えとしては、「可能性はある」。そして「必ず勝つためなら、やらない理由はない」ということです。

国民投票は1回も行われたことがないから、やってみないと分からないですよね。そして、発議して国民投票で否決されたら、向こう数年はそのテーマで憲法改正ができなくなるという状況で、発議した側がどれだけ必死になるのかも、多くの人にはまだ理解できていないでしょう。

再チャレンジができない一発勝負で、政治家や政治団体がきちんと「良識」をもって行動してくれることを期待するのは間違っています。そして、テレビ局のCM審査がまともに機能しなくなっていることから分かるように、メディアが自ら歯止めをかけることを期待するのも間違っている。賛成派の団体が報道番組やワイドショーをタイム枠で提供したら、制作者たちは必ずスポンサーの意向を気にします。
だから、その可能性を潰しておくことが大事なのです。

南部　それがこの章の冒頭で、本間さんが最悪の事態を想定すると言った理由ですね。

本間　そうです。今の国民投票法には不備がある。その改正を考えるなら、最悪のケースを考えることが第一歩です。

この章ではテレビCMで起きうることを考えてきましたが、実は、まだ触れていない分野があります。それは地方ローカル局でのCMです。規模が小さい分、ここでは東京のキー局と違った戦いが展開されることになるでしょう。次の第4章では、それを考えていくのはどうでしょうか。

第4章　ローカル局での「局地戦」とネットでの「ゲリラ戦」

東京人の知らない「地方ローカルCM」の世界

南部　ここまでは「キー局」（日本テレビ放送網、TBS、テレビ朝日、フジテレビジョン、テレビ東京）と呼ばれる、全国ネットワーク放送の中心となるテレビ局について考えてきました。しかし、東京を中心とした首都圏以外の「地方」に住む人たちは、必ずしも「5大ネットワーク」の番組をそのまま見ているわけではありませんよね。

本間　「5大ネットワーク」の下には、大阪・近畿広域圏をカバーする「準キー局」（読売テレビ放送、毎日放送、朝日放送、関西テレビ放送、テレビ大阪）と、名古屋・中京広域圏をカバーする「在名基幹局」（中京テレビ放送・名古屋テレビ放送・CBCテレビ・東海テレビ放送・テレビ愛知）があって、さらに各地域には数多くの「ローカル局」が存在します。

「日本中の人が5大ネットワークの番組やCMをそのまま見ている」と思うのは、首都圏在住の人たちの「大いなる勘ちがい」です（笑）。首都圏の人も、テレビ神奈川とか千葉テレビなどを見ると分かるはずですが、地方にはそれぞれキー局の番組やCMとは異なる「あなたの知らないローカル放送局の世界」があって、そこには「ローカルCM」というものが存在するわけです。

南部　キー局以外の「ローカル局」や「ローカルＣＭ」についても考えておく必要がありますね。地方に行くと、キー局の番組がローカル局で流れたりしています。両者はどういう関係に立っているのですか。

本間　ローカル局は、各地方ごとに３〜４局ぐらいしかない場合が多い。だから、例えばＴＢＳ系列のローカル局だったら、普通はＴＢＳの番組が最優先で流れるわけだけど、地方によってはローカル局がキー局と完全に連動していなくて、「日テレとテレ朝の番組が、なぜか同じ局で放送される」ということもあるのです。

ＣＭの場合は、例えばＴＢＳのゴールデンタイムにあるＣＭを流すとします。地方のローカル局でも、同じ時間帯に同じ番組が流れていれば、当然、同じＣＭが流れます。でも、そのローカル局がＴＢＳに連動していないと、その時間に同じＣＭは流れない。

あるいは、キー局では午後７時放送の番組が、ローカル局では全く別の時間に放送されている、ということもある。キー局の放送が流れていない時間帯には、地方のローカル局が独自に制作した番組を放送していますから、その枠にはローカル局の営業が集めてきた

「ローカルＣＭ」が流れるわけです。

値段も安く、審査も緩いローカルＣＭ

南部　その地域の自動車販売ディーラーとか、地元銘菓のＣＭあたりがすぐに思い浮かびますけど。

本間　そうそう、地元に大きな企業があれば、その企業のＣＭとか。あと、圧倒的に多いのはパチンコ店とか消費者金融、地元の工務店などですね。

地方局が独自に扱うＣＭ枠は、キー局とは比べものにならないぐらいにメチャクチャ安い。キー局だと15秒スポットを1本ずつ売ったりはしないけれど、ローカルでは1本3万などというとんでもなく安い値段で売っていたりするから、そういう小さな地元の企業でもＣＭが打てるんです。

それから、広告枠の値段だけではなく、その「審査」も違います。

キー局の場合は、広告主の業態や広告の内容について審査があるので、あまりにもヘンテコなＣＭは流れません。問題はローカル局の場合で、当然ながら審査が緩いことが多いですね。結果、キー局ではありえないような怪しい団体が広告主になったり、デマすれすれのことを訴えるものが流れる可能性がある。

おまけに、ローカル局のＣＭは代理店を通さないこともあります。パチンコ店の「新装開店！」というようなものは見たことないですか。

南部　私は岐阜出身ですが、頻繁にありましたね。パチンコ店の外観を映した静止画のまま、画面が動かなかったりするＣＭですよね。あとは、旅館、宝石店とか。

本間　それです。ああいったＣＭは、大手の代理店が噛《か》まない場合が多い。金額が小さいから代理店を通す必要がないし、地元で長年付き合いのある店なら、テレビ局にとって「信用保証」も要らないからです。

国民投票のＣＭも、代理店を通さずに局に直接持ち込まれることもあるでしょう。そうしたら、代理店の審査は入りません。

南部　ローカル局の番組枠そのものを買って、自分たちで作った番組をそのまま流すこともありますか？

本間　番組枠そのものを買う場合は額もそれなりのものになりますから、代理店は入るかもしれませんが、もちろん可能です。

沖縄の米軍へリパッド建設をめぐる報道で2017年に大炎上した「ニュース女子」という番組がありましたよね。あれこそまさに、東京MXテレビというローカル局で、化粧品会社が番組をまるごと買う形で成り立っていました。こうした、ろくに取材もしないでデマを流す番組はもうすでに放送されています。発議後はもっとたくさん増えるでしょう。

南部　そういえば、2004年に山形テレビ（テレビ朝日系）が自民党の県議や県選出の国会議員ばかり取り上げる番組を放送したことがありました。しかし、実は自民党の山形県連が制作して持ち込んだ完全な広報番組で、局は放送料を受け取ってオンエアしていたことが発覚したんですね（「毎日新聞」2004年3月30日）。県議会の最大与党とメディアの密接な関係が明らかになったわけです。

他にも、平井卓也衆議院議員（香川1区選出、自民党広報本部長）の例があります。電通出身ということで第2章の後半で本間さんが名前を挙げた政治家ですが、彼は地元メディアである「四国新聞」や西日本放送との癒着が報じられたことがありますね。「四国新聞」の社主は平井議員の母親です。西日本放送は、かつて平井議員が社長を務め、弟がその後を継ぎました。どちらも平井一族の経営です。雑誌「週刊金曜日」（2015年8月28日号）によれば、平井議員はそれらの地元メディアの関連会社へ、5年間で6200万円もの政治資金を投じ、それらの企業から「役員報酬」「顧問報酬」を受け取っていました。6200万円のうちの半分以上は政党交付金などの公金でした。

本間　つまり、親や兄弟が経営する会社から「政治資金の還流」を受けていたと。

南部　この問題を報じた「週刊金曜日」の取材に対し、平井議員の事務所は「法的にも倫理的にも問題ない」と答えています。

あくまで一般論ですが、議員が地元選挙区内のメディアと事業取引を行う関係に立つことの妥当性は、厳しく問われるべきです。政党交付金が絡めば、なおさらです。

本間　『原発広告と地方紙』（亜紀書房、2014年）を書くために取材している時に、僕も与党と地元メディアの距離の近さを感じましたね。例えば、青森県の「東奥日報」は完全な原発推進新聞なのですが、やはり自民党に対してはチェックが甘い。原発＝自民党なので、原発が多い地域では、どうしても自民に甘くて野党に辛い論調になりやすいのです。

繰り返しますが、ここでもポイントになるのは、やはりローカル局制作番組の「スポットCMと番組提供枠の安さ」と「審査の緩さ」です。このふたつの要素によって、「さまざまな団体」が「手軽に」CMや番組を流すことができる。

いわば、中央のキー局で行われるのが規模の大きい「合戦」なら、ローカル局では「局地戦」ということになるでしょうか。もっとも局地戦といっても、そのエリア（県）では絶大な影響力を持っています。

しかしローカル局の審査部へ、もっとしっかりしろと言うことにあまり意味はないでしょう。キー局や代理店と違って小さな組織ですから審査部にリソースを割けないし、経営が厳しいところも多いから、得意先のスポンサー企業に強く出られたらそれを跳ね返すのも困難です。

やはり、選挙管理委員会のような公的な機関が審査するようにならないと、地方ではひどい意見広告が跋扈《ばっこ》することになりかねない。

ローカル局にとって、電通は「永遠の父であり母」

南部　ここまで、私たちは「賛成派がローカル局を利用する」という前提で話してきましたが、逆に反対派も広告宣伝を手軽にできるということでもありますよね？　少なくとも、キー局ほど難しくはないはずです。

本間　もちろん、理屈の上ではそうです。反対派の政党の地方支部や市民団体がお金を集めて、ローカル局で「改憲反対」のＣＭを打ったり、「憲法改正の問題点」をテーマにした番組を作ったりすることはできます。

ただ、ここでも僕が「賛成派」の方が有利だと思うのは、キー局と同様、あらかじめ改憲スケジュールを見通せるので「先手」を取りやすいというのがひとつ。もうひとつは、地方でも「資金力」と「コネクション」の部分で歴然とした差が出るのではないかと考えるからです。

南部　たしかに、地方の地元企業も、与党の改憲案に表立って反対するのは難しいでしょうね。

本間　当然ですが地方議会においても自民党は強い。県議会、市議会で多数の議席を持っていて、それが国民投票では改憲賛成の立場で集票にフル稼働するわけです。県議や市議が地元企業にローラー作戦をかけて挨拶に来た時、「ウチは反対だから」と断れる企業が何社あるでしょうか。

そしてここでも、電通が日本中の地方メディアに張り巡らしたコネクションが大きくモノを言うはずです。その強さは、博報堂とは比べものにならない。

南部　地方のローカル局に対する、電通と博報堂の「食い込み方」が違うのですか？

本間　これはもう、食い込み方というレベルではありませんね。言うなれば、ローカル局にとって、電通は「永遠の父であり母」なのです。

どういうことかというと、そもそもローカルテレビ局というものが各県にできていった1950年代後半から、立ち上げにあたって、資金提供したり技術的な指導や営業的な手ほどきをしたのが電通なのです。つまり、もともとは放送局のノウハウなんてなかった地方で、名士に「地元にテレビ局作りませんか」と持ち掛け出資させ、放送局を作って「どうやって番組を作るのか」「そもそもテレビ広告とはなんぞや」「企業にどう営業するか」というテレビ局の基本を、手取り足取り教えたのです。

だから彼らにとっては、電通は「永遠の父であり母」なのですよ。

現在の電通本社ビルは東京・汐留《しおどめ》にありますが、昔は築地でした。その電通本社ビル跡地近くには、今も地方局の東京支社が集中していますよ。殿様を取り囲む城下町みたいだけれど、要はそれだけ打ち合わせに便利だったということでしょうね。

南部　博報堂は地方局の立ち上げに協力しなかったのですか？

本間　その頃の博報堂は、テレビというメディアの可能性を見誤って、過小評価していたのです。もしかすると「電波芸者なんか冗談じゃない」「うちは新聞一本だ。新聞と雑誌の広告売っていればいいんだ」みたいな空気があったのかもしれません（笑）。当時はまだ新聞が圧倒的に偉かった時代ですから。結局、あっという間にテレビにやられちゃいましたけれども。

南部　電通には「先見の明」があったということですね。だからこそ、今もテレビで圧倒的なシェアを誇っているし、地方でもローカル局の種を蒔《ま》き、その苗を育てたりして、日本各地で自らの「未来の市場」を育てる努力をしていた……と。

そう考えると、電通はなかなかすごい会社ですね。最近は長時間労働過労自殺事件や不正請求問題で社会的非難を浴びましたし、率直に言ってダークなイメージがありますが、そういう昔からの長期的な戦略の結果として、今の支配力を得るに至っているということですね。

「電通に足を向けては寝られない」

本間　そう、種を蒔いて育て、そこに親として君臨する。やっぱりすごい会社なのですよ。いずれにせよ、ローカル局にとって電通というのは、開局当初から何十年にもわたって親密な関係である場合が多いし、電通OBがローカル局に「天下って」、役員として収まるなんてケースも少なくないわけです。もちろん、地方局にとっても広告が集まらなくて苦しいときに電通に頼めば空き枠をなんとかしてくれる、という「神通力」もありますからね。

　僕も地方での電通パワーを肌身で感じたことがあります。博報堂で働いていた頃、日本海側のとある県で、そこのナンバー1地銀というかなりデカいクライアントを電通から奪取して、その県のローカルテレビ局のCM枠を全部博報堂扱いに変更させました。

　その件でそのローカル局の営業部長と飲んだのですが、「今回は○○銀行さんのCMを博報堂さん扱いに移したけれど、何年後かに本間さんが転勤してこの地域の担当じゃなくなったら、また電通さんに戻すと思うが、その時は勘弁してくれ」と言うのですよ。「うちはずっとここで商売していかなきゃいけないし、電通さんには恩義もあるから、やっぱり足を向けて寝られない」って。

南部　そこまでハッキリと言うとは。

本間　そう、言ってしまうのですよ、しかも別に悪気があって言ってるわけではなく、本心で。

南部　まさしく正直に。

本間　そう、すごく正直なのです。博報堂の営業である僕に面と向かってね（苦笑）。それで僕も「ああ、やっぱり電通と地方局の関係はこういうものなのか」と思ったわけですよ。

南部　「電通が父であり母である」という言葉の意味の重さがようやく理解できました。そうした電通とローカル局の強いつながりが、賛成派にとって有利に働くと本間さんは見ているわけですね。

本間　はい。しかもそれだけではなく、電通の地方支社には、自民党の政治家や地元の有力者の子息や関係者が大勢います。それで、地方における「政治」と「産業」と「メディア」の三者をつなぐ「ハブ」のような機能を果たしているケースが多い。そんな電通を軸とした地方のコネクションが賛成派と組み合わさると、相当な威力を発揮すると考えています。

新聞に「社説」があることの意味

南部　ここまでテレビCMを扱ってきましたが、ほかの媒体はどうでしょう。新聞・雑誌も国民投票運動の宣伝舞台になる可能性がありますね。

特に本間さんの著書『原発広告と地方紙』などを読むと、電力会社が地元の地方紙に「原発は安全だ」という広告を出していった結果、その地方紙では原発推進の記事ばかりになってしまった……そんなケースがさまざまな所で起きたことが書かれています。国民投票に関しても、賛成派からの広告が大量に出ると、地方紙で「憲法改正反対」の議論ができなくなっていくことは考えられないのでしょうか。

本間　その問題については、可能性は低いと思います。というのは、原発広告の出たすべての地方紙が原発擁護になったわけではないからです。「福島民報」や「福島民友」、青森の「東奥日報」あたりは原発マネーに屈してしまいましたが、「北海道新聞」や「新潟日報」は、広告が山のように出ても社説は原発に批判的だった。

電力会社が広告を出すのは自由だし、スペースが空いているなら載せても構いません。それで社論や社説が捻《ね》じ曲げられないなら問題はないのです。そして、今の地方紙は社説を見る限り、おおむね改憲には反対ですね。

南部　たしかに、賛成しているのは石川県の「北國新聞」などに限られます。

つまり、ここまで改憲反対と主張してきた新聞がコロっと姿勢を変えることは、全国紙でも地方紙でも、さすがにないだろうということですね。

本間　原発広告を上回る量の広告が長期間載らない限り、大丈夫でしょう。

南部　こう考えていくと、新聞に社説というものがあることがメディアとしていかに大事か、改めて分かりますね。

本間　新聞は社説で意見を表明してきた歴史があるけど、テレビはそれがないからお金でなびいてしまいやすい。だから、テレビも社説を打ち出すべきと思わなくもないのですが、放送法で不偏不党の原則があるから難しいでしょうね。

南部　雑誌はどうですか。

本間　雑誌の場合、左派の「週刊金曜日」や右派の「Ｗｉ Ｌ Ｌ」のようなもともと旗幟《きし》鮮明なところはその主張と異なる広告を掲載することはないでしょうが、通常は表４（裏表紙）や中面に載った広告主に不利な記事は載せないという暗黙の了解があります。つまり、もし賛成派の広告が表４や中面に載れば、その号では賛成派に対する批判記事を載せない、ということになる。もし賛成派が60日間（約２か月）分の広告枠を買い切れば、その雑誌では賛成派に批判的な記事は掲載されなくなる可能性が出てきますね。

広告だと悟らせない、ネット広告という「ゲリラ戦」

南部　その他、気になるのはネットですね。ツイッターやフェイスブックの日本語版がスタートしたのは２００８年ですから、２００７年の国民投票法の成立より後です。もちろん、それ以前にもｍｉｘｉもありましたが、今ほどＳＮＳも一般的ではなかったし、ＹｏｕＴｕｂｅも、当時はまだ知らない人も多かった。

本間　情報・通信に関して、２００７年から現在の変化は本当に大きいですよね。今やテレビよりも接触時間が長いでしょう。いわゆる「ネット広告」もすごい勢いで伸びています。

２０１７年の衆議院選挙の時も、普通にパソコンで調べものをしていたら、いきなり画面の端っこに安倍首相が現れて自民党のＣＭが流れ出す、という感じでした（笑）。それに対して野党は民進党が分裂し、希望の党も終盤はゴタゴタしてＣＭどころではなくなっていった。結果的に自民党のＣＭしか流れていなかったという印象です。

南部　インターネット上の広告については発達が急激すぎて、もはや法で規制をしたりすることは現実的ではないように見えます。

本間　これも、自民党のネットＣＭのように、誰が見ても明らかに広告の形をしていて、電通のような代理店のネット広告部門が請け負っているならまだいいと思うのです。その場合も審査は入るから、不十分とはいえ広告主やＣＭの表現内容についても一応のジャッジはされています。

それより厄介なのは、表面上は「広告」に見えない形をとりながら、実際には有権者を賛成や反対に誘導するさまざまな方法が、ネットには数多くあることだと思いますね。

いわゆる「ステマ」(ステルスマーケティング)的な手法もそうだし、数えきれないほどある「ニュースサイト」や「キュレーションメディア」といった記事を装ったものもそうです。記事に対するコメントを組織的に書き込んで、世論を誘導する方法も、決して珍しくない。一見、普通のコンテンツに見えるものが、お金を介して組織的に、一種のビジネスとして広告宣伝や世論誘導の仕組みとして動いている、なんていう例はいくらでもあるわけです。

でも、これらは表面上「広告」ではないから、CMのような「審査」を経るわけではない。それに、背後で誰かがお金を出していたとしても、ネットの記事を見ている側には広告主の顔は分からない。

トランプ大統領を生んだ、2016年のアメリカ大統領選挙で何が起きたかを思い出してもらえれば分かると思うのですが、いわゆる「フェイクニュース」も含め、ネット上のさまざまなコンテンツからSNSまで、一見「広告」には見えない形の国民投票運動が「組織的」に、それも「見えない広告宣伝ビジネス」として行われる危険性は十分にあると思いますね。そして、それをコントロールすることはほとんど不可能に近い。

南部　そう考えると、今やメディアを介した「広告」という概念そのものが、大きく揺らいでいるのですね。テレビや新聞・雑誌などに代表される「既存の大メディア」を媒介とした既存の広告なら、その規模の大きさゆえに広告主の「身元」や広告の「中身」には、不十分でも審査という形で「一定のコントロール」がかけられているし、動く資金も大きいので「誰でもＣＭが打てる」というわけではない。

しかし、ネットメディアにはよくも悪くも、より大きな「自由度」と「選択肢」があり、既存の広告とは全く異なる形で「広告宣伝」の効果を得るビジネスが生まれ始めている。これは、今から13年前、２００５年に国民投票制度の骨格づくりを始めた頃では全く想定外のことです。

ネットの信頼度はテレビの半分以下

南部　ちなみに、電通や博報堂のような大手広告代理店が扱う広告全体で、テレビはどのくらいの比率を占めているものなのでしょう。

本間　だいたい40〜45％です。

南部　それは多いんですか？　門外漢からすると、意外と少ないなという印象ですが。

本間　ネット広告が15％、新聞と雑誌で10％くらい、ラジオは1〜2％程度だから、テレビが40％以上というのは、格段に大きいと言っていいと思います。

あとは、いわゆる電車の中吊《なかづ》りのような「交通広告」や街中の看板など「SP（サービス・プロモーション）媒体」といった地味な広告、その他を集めると30％くらいにはなります。

南部　SP媒体というのは、テレビと同じくらいあるのですか。

本間　そうですね。ただ、地方の誰が見ているか分からない街中の看板など、細かなものをコツコツ積み上げてようやく30％ということです。

南部　テレビのように、視聴率1％でも100万人といわれるメディアとは根本的に違うのですね。

本間　加えて、ここで確認しておきたい資料があります。総務省が毎年発表している「情報通信メディアの利用時間と情報行動に関する調査報告書」という、メディアごとの接触時間や影響度を調べたものです。

「情報源としての重要度」という項目を見てみると、「全年代」ではテレビ、ネット、新聞、雑誌の順で、テレビが1位になっています。平成26年の調査ではテレビの次に新聞が来ていたのですが、平成27年で逆転しました。

ところが、「メディアとしての信頼度」だと、インターネットの信頼度は軒並み低いのです。みな眉唾メディアだと思っている。平成28年の調査で「重要度」がいずれも75%以上だった10〜40代でも、「信頼度」はおおむね30〜35%。例外的に高いのは20代ですが、それでも45%以下です。中高年は当然として、若い子もネットは信じていない。面白いことに、ある程度のリテラシーが働いているのですね。

南部　信頼度は新聞、テレビ、インターネット、雑誌という順番なのですね。

本間　「主なメディアの平均利用時間」を見ると、10代、20代はテレビよりもネットを長時間利用していることが分かる。それでも信頼度は、テレビが60%を超えているのにネットは圧倒的に低いですね。

そして30代以降はテレビが最も長く見られるメディアになり、60代はネット利用の割合

圧倒的に影響力の強いテレビ

●情報源としての重要度(全年代・年代別・インターネット利用非利用別)

	( )内は人数	テレビ	新聞	インターネット	雑誌
	全年代(1500)	90.6%	63.5%	71.2%	25.3%
年代別	10代(140)	93.6%	37.9%	77.1%	24.3%
	20代(217)	85.7%	41.0%	89.9%	21.7%
	30代(267)	86.9%	49.8%	85.8%	25.8%
	40代(313)	92.3%	61.7%	79.6%	27.8%
	50代(260)	91.2%	81.5%	61.5%	24.2%
	60代(303)	93.7%	90.1%	41.9%	26.4%
インターネット	利用(1444)	90.4%	62.7%	73.8%	25.3%
	非利用(56)	94.6%	85.7%	5.4%	25.0%

上記の表の割合はいずれも「非常に重要」と「ある程度重要」と回答した割合の合計。

●各メディアの信頼度

(全年代・年代別・インターネット利用非利用別)

ネットの重要度が75%超だった
10〜40代でも、信頼度は45%以下

	( )内は人数	テレビ	新聞	インターネット	雑誌
	全年代(1500)	65.5%	70.1%	33.8%	20.5%
年代別	10代(140)	66.4%	66.4%	30.7%	27.9%
	20代(217)	60.4%	64.5%	42.4%	20.7%
	30代(267)	58.4%	62.2%	35.2%	22.1%
	40代(313)	63.6%	70.0%	33.9%	23.3%
	50代(260)	70.0%	76.5%	37.3%	18.1%
	60代(303)	72.9%	77.2%	24.8%	14.9%
インターネット	利用(1444)	65.0%	69.7%	34.7%	20.6%
	非利用(56)	76.8%	78.6%	10.7%	17.9%

上記の表の割合はいずれも「非常に信頼できる」と「ある程度信頼できる」と回答した割合の合計。

●主なメディアの[平日1日]平均利用時間(全年代・年代別)

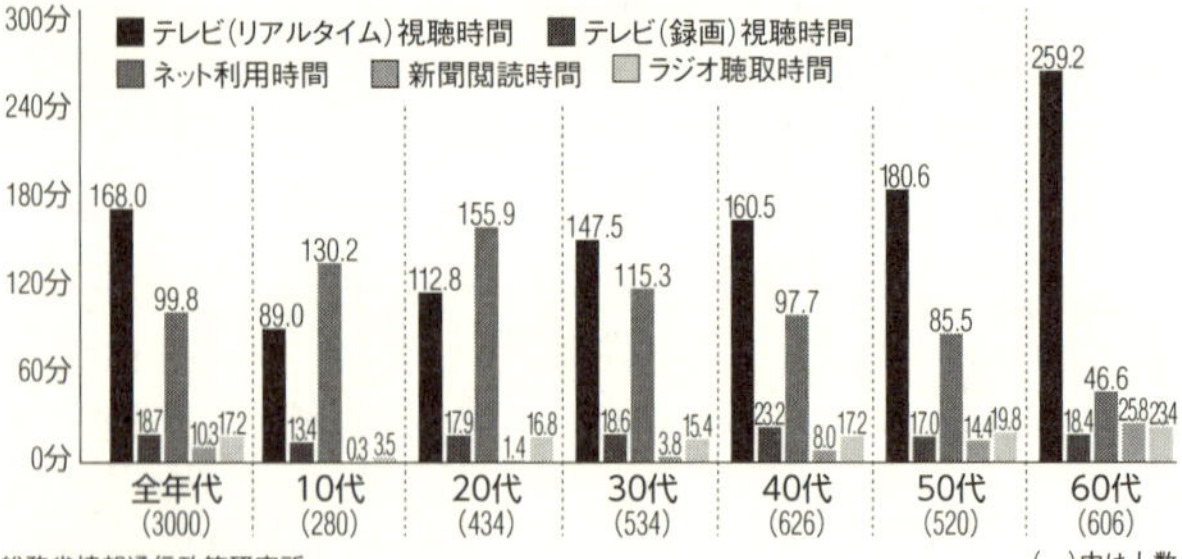

総務省情報通信政策研究所　　( )内は人数
「平成28年情報通信メディアの利用時間と情報行動に関する調査報告書」(平成29年発表)より作成

が低いことが分かります。こうして見ると、総じて今の日本ではまだテレビが圧倒的に強いのです。

南部　この数年のうちに国民投票を行うのなら、本間さんの言う通りネットの影響力はそれほど大きくはない。高齢になるほどテレビの視聴時間が飛躍的に高くなりますから。有権者の高齢化が進んでいることを考えると、国民投票についてもやはりテレビの対策が一番大事といえますね。

政党の方もテレビに原点回帰しているように見えます。インターネットでの選挙運動が解禁されたのが2013年。法律が改正されるまではあれこれ議論がありましたが、最近は敢えてネットを使わない候補者も出現していますし、選挙期間中に一度も更新しない人もいました。

本間　繰り返しになりますが、やはり15秒とか30秒という非常に短い時間の中で、映像や音をフル活用してアピールするテレビCMは、「広告のプロ」が「イメージ」で人の気持ちを動かすためのノウハウを総動員して作るわけで、その影響力は半端なものではありません。しかも、制作にも放送にも多額の資金が必要だから、これを野放しにすると、資金力の差が投票行動を左右してしまう、つまり金で票を集めるということにつながりかねない。

南部　そういった問題が起きかねない現行制度の改革を考える上で、海外の制度、運用は十分に参考になるはずです。そこで、次の章では２０１６年に「ＥＵ離脱」の是非を問う国民投票を実施したイギリスを中心に、海外の法律を見ていきたいと思います。

第5章　ＣＭ全面禁止が基本の「海外の国民投票制度」

ナチスへの反省から、国民投票制度がないドイツ

南部　第3章、第4章では、国民投票法の間隙を突いて、キー局と地方局を舞台にどんな広告合戦が起こりうるかを考えてきました。では、現行の国民投票法が抱える問題点をどのように改正していくべきか。そのために、海外の事例を見てみましょう。国民投票というシステムを持ち、実際に投票を行ったことのある国の制度を紹介したいと思います。

本間　2016年にEU離脱をめぐる国民投票が行われたイギリスを始めとして、なんとなくヨーロッパは国民投票を積極的に行っている国が多いという印象があります。一方、アメリカには「州民投票」はあっても、国民投票の制度はないですよね。

南部　そうですね。実は、ヨーロッパでもドイツには国民投票の制度がないのですが、イギリス、フランス、イタリア、スイスなど多くの国が国民投票の制度を持ち、実際に経験しています。

本間　ドイツに国民投票がないというのは、ちょっと意外な感じもしますが。

南部　そこには歴史的背景もあるのです。戦前のドイツでは、ワイマール憲法の下で国民

先進7か国のうち（国民投票制度のある国で）
有償CMが自由なのはカナダと日本だけ

イギリス　全面禁止

- 有償テレビCMの放送は禁止
- 政府による「無償の放送枠」があり、賛成・反対の両派から各1団体の「**主導運動者**」のみ、その枠で賛否を訴えることができる
- 運動に1万ポンド（140万円）以上を支出する者は選挙管理委員会に届け出る義務がある

×

フランス　全面禁止

- 政治的性格を帯びた有償テレビCMは、国民投票だけでなく大統領選挙や議会選挙でも全面禁止
- 国民投票のみ、「無償の放送枠」があり、一定の要件を満たした政党や政治団体に割り当てられる。放送時間は議員数などに応じて割り当てられる

×

イタリア　全面禁止

- 国民投票では、全国放送での有償テレビCMは禁止。地方局では一定の要件のもとで認められることがある
- 「無償の放送枠」があり、賛成・反対の両派に、同じ時間帯で同じ長さで割り当てられる

×

カナダ　原則自由

- 投票日と投票日前日は有償のテレビCMの放送が禁止されているが、それ以外は自由
- 賛成・反対の両派の団体は、同じ時間帯の同じ長さの放送枠が平等に与えられ、無償で意見広告を放送できる

○

※アメリカとドイツに国民投票制度はない

『衆議院　欧州各国国民投票制度調査議員団　報告書』、三輪和宏「諸外国のレファレンダムにおける放送を通じた投票運動」（『レファレンス』2010年7月号）等を参考に作成

投票制度が存在したのですが、これがヒトラーのナチス政権に悪用されてしまった。1933年の国際連盟脱退や、ナチス独裁を生んだ「総統職」の設置、オーストリアの併合といったテーマで国民投票を行い、有権者の約90％という圧倒的な支持を得ています。この苦い経験が強いトラウマとして残っている。

本間　ナチスドイツといえば、ヨーゼフ・ゲッベルス宣伝大臣の下で「広告宣伝」のテクニックを総動員して、巧みなプロパガンダを展開したことでも有名です。「プロパガンダと国民投票制度のタッグで何が起きるのか」という意味で、約90％の支持を得たというのは、実におっかない話ですね。

南部　ただ、そのドイツでも近年は国民投票制度の導入を望む声があります。2005年のEU憲法条約批准の際も、結果的に実現はしませんでしたが、国民投票の実施がかなり議論になったようです。

本間　なるほど。国民投票制度のある国の多くが、テレビCMについては原則的に禁止しているんですよね？

南部　そうですね。カナダやポーランド、スウェーデンなどの例外もありますが、イギリス、フランス、イタリア、スペインなどが「国民投票運動のために有償のテレビのＣＭ枠を買う」ことを全面的に禁じています。テレビを通じての運動については、○○派と××派の双方に、国が確保した放送枠を無償で提供する制度が主流です。

具体的な例として、２０１６年６月、国民投票を実施したイギリスの制度を紹介することにしましょう。

イギリスの制度①「ＣＭ全面禁止」と「運動資金の厳格な管理」

南部　イギリスは２０００年、日本の公職選挙法と国民投票法を一緒にしたような「政党・選挙及びレファレンダム法」（以下レファレンダム法）という法律を制定しています。レファレンダム法では、政治的に重要な課題について国民投票を実施することができると定められています。

ただし、このレファレンダム法には投票手続きの詳細に関する規定はありません。また、イギリスには「議会主権」の伝統があるため、国民投票の結果は原則として法的な拘束力を持たないのが基本です（諮問的国民投票）。「国民の意思を確認する手段」にすぎないという考えが底流にあります。

本間　法的拘束力がないということは、国民投票でＥＵ離脱派が勝利しても、その後で議会が「やっぱりやめよう」と議決すれば、結果がひっくり返ることもあるということですか。

南部　そういう面があります。だから、イギリス政府や議会は、国民投票の結果を「尊重する」という言い方をするんですね。

ちなみに、ＥＵ離脱の是非を問う２０１６年の国民投票では、国民投票の仕組みについて具体的に定めた「２０１５年欧州連合国民投票法」という特別法が制定されています。一般法であるレファレンダム法に細かな規定がないので、国民投票を実施する時は毎回、こうやって特別に法律を作っているんですね。

その制度を見ると興味深い点がふたつあります。まず有償のテレビＣＭは全面的に禁止というのがひとつ。

ふたつ目が、国民投票運動に使う「資金の制限と管理」、さらに「情報公開」に関する仕組みを設けていることです。「離脱」「残留」のキャンペーンに使える金額に上限を定めている。しかも、ある一定金額以上の資金を使って運動をする個人・団体には、選挙管理委員会に登録し、投票後には収支報告することをきちんと義務づけているのですね。

本間　投票日前14日以後を除いてCM規制がなく、使える金額も無制限の青天井、収支報告の義務もないという日本とは、えらい違いですね。

南部　EU離脱を問う国民投票では、期間中（4月15日から6月23日の投票日まで）に1万ポンド（約140万円）以上を運動費用として使う人は、選挙管理委員会に登録し認定を受けることになっていました。認定を受けた個人や団体を「認定運動者」といいます。

認定運動者の費用支出の上限は70万ポンド（約9800万円）です。国民投票運動の期間が70日間なので、1日平均、1万ポンドを超える金額を使ってはいけないという計算だったのかなという推測も成り立ちます。

また、既存の政党が使える資金の上限も定められていて、労働党550万ポンド（約7億7000万円）、英国独立党400万ポンド、自由民主党300万ポンドというように、許容される額は総選挙での得票率によって決まります。

イギリスの制度② 各派の「代表チーム」に与えられる特権

本間 実際に、どの程度の団体が選挙管理委員会に登録したのですか？

南部 個人、団体を合わせて１２３（残留63、離脱60）ありました。中には、投票日当日に登録をした団体もあります。

イギリスの仕組みが面白いのは、国民投票の公示直前に、その１２３団体の中から「離脱派」「残留派」をそれぞれひとつずつ代表するLead Campaigner――「主導運動者」という訳になると思いますが――を選挙管理委員会が選ぶんですね。

離脱、残留の主導運動者に選ばれた団体に対しては、政府がテレビの放送時間を確保して、無償で平等に振り分けます。国民投票のキャンペーン番組が打てるわけです。

ほかにも、主導運動者に選ばれると、公共施設を無償で利用して集会を開くことができたり、有権者にキャンペーンのための文書を無償で1回送ることができるなどの特権が与えられます。

本間 つまりこういうことですか。まず、賛成派と反対派から「代表チーム」が指定される。「有償のテレビＣＭ」はどんな団体も全面禁止だけど、「国から無償で与えられるテレビ番組枠」を使ったキャンペーンは、代表チームだけが許される。

第1章で日本の「国民投票広報協議会」が管理する「広報放送」の話がありましたが、それに近いものという理解でいいのでしょうか。

南部　そうですね。詳細は決まっていませんが、日本の広報放送も無償で、両派にテレビ放送枠が提供されることになっています。

イギリスでは、さらにふたつの主導運動者だけは、使える資金の上限も10倍に拡大されて、最大７００万ポンド（約9億８０００万円）になります。ただし、イギリスの制度にはもうひとつの重要な柱があって、先ほども言った通り、認定運動者は国民投票が終わった後、キッチリと収支報告をしないといけない。

つまりは、登録した団体や個人が何にどれだけお金を使ったのか、それは自己資金か借り入れか寄付を受けたのかといった資金の「入」の部分と、「人件費と、ポスターやチラシ代にこれだけ使いました」などという資金の「出」の部分の両方について報告させて、運動資金の透明性を確保させられる仕組みになっているのです。

今回は、使った費用が25万ポンド未満の場合は投票日から3か月後まで、25万ポンド超の場合は6か月後までに報告するものとされていました。収支報告の内容は、イギリス選挙管理委員会のウェブサイトで確認することができます。

本間　これなら国民投票運動が「金にモノを言わせた物量作戦」にはなりづらいですね。それに賛成派も反対派も、テレビを使って有権者にアピールする機会が平等に与えられている。こういう制度なら、僕らが心配していた問題点の多くがある程度は解決できるかもしれません。

ただ、主導運動者を指定するというのは、独特の難しさをはらんでいる気もします。各陣営内は一枚岩ではないだろうし、選管はどうやって選んだのでしょうか。

南部　基本的には「我こそは」という団体が申請をして自分が代表団体になりたいって名乗りを上げるんですね。そのいくつかの団体の中から選管が審査のうえで決めました。今回は、残留派の中から一団体、離脱派の中から三団体が名乗りを上げ、選挙管理委員会が審査した上で、一団体ずつ決定したという経緯です。仮に日本でもイギリスと同じような仕組みを導入するのなら、主導運動者の指名は国民投票広報協議会が行うことになるでしょう。

それでもイギリス人は後悔した

南部　ただ、このイギリスの国民投票制度でも、新聞や雑誌などの「紙媒体」に関する広告の制限はなくて、こちらはかなり自由な形になっていますね。

本間　たしかに、ＥＵ離脱国民投票の運動期間中に、新聞の外側を広告面だけにするＰＲがあったようですね。

ただ、新聞には一応「社説」というのがあって、そこで新聞社としての見解や意見を示すのが一般的ですよね。だから広告と記事の間には、テレビよりもハッキリとした一線が引かれているという認識が読者にもあります。

まあ、そうはいっても「オリンピックの公式スポンサー」になった新聞が、東京オリンピックについて否定的な記事を載せたがらないということはあるから、広告が記事内容や編集方針に全く影響を与えないかというと、そうでもないんですが。

南部　イギリスだけでなくフランスやスイス、スペインなどでも、有償テレビＣＭに関しては全面禁止が基本で、いずれも国が確保したテレビの放送枠を無償で提供する形で、有権者にアピールするようになっています。新聞・雑誌などへの規制は、ゼロか、あっても「事実に反する報道をしてはならない」といった類のものになっていますね。

で、ここまでの話を聞くと、なんとなく「イギリスの国民投票制度は素晴らしい」と思ってしまう人もいるかもしれません。

しかし、思い出してください。EU離脱の是非をめぐる国民投票が行われ、主要メディアの予測に反して離脱派が勝利した時、多くのイギリス人有権者たちが「そんなはずじゃなかった」と驚いたり、嘆いたりしていましたよね。そして、一部の政党が運動期間中に主張した「EU離脱のメリット」が事実ではないことが判明して、「自分たちは騙《だま》された！」と怒りを露《あらわ》にしている人たちもいたはずです。

本間　たしかに、結果が出た後も、決して「国の将来を左右する歴史的な決断を、国民全体でしっかりと議論して選び取った」という清々《すがすが》しい雰囲気ではなくて、むしろ混乱と分断と後悔が入り混じったような状態だったように見えましたね。

南部　つまり、われわれから見ればはるかによく練られた制度を持っているイギリスですら、国を二分する重要なテーマで国民投票を行えば、混乱は避けられないということでもあるわけです。

しかし、だからこそ、完璧ではなくても少しでも実効性のある形で、「イメージだけに訴える広告」や「広告宣伝費の規模」が、有権者の議論を左右するようなことは避けなければならない。そういう考え方が、これらの国々に共通する「とりあえず有償のテレビCMは全面禁止」という方針に現れていると思うのです。

広告の達人・ナチスの下での「国民投票」が語ること

本間　やっぱり何度も投票を行っていろいろな経験も経ているから、テレビCMがヤバイということをよく分かっているのでしょう。CMは音と映像で非常に感覚的に人の興味を喚起できる。理屈ではなく、イメージや感覚で「人の心を操る技術」を使って作られるものですからね。

EU離脱や憲法改正、あるいは脱原発だっていいのですが、そういう国の未来を左右するような、国民一人ひとりが真剣に向き合って考えるべき議論に、テレビCMを使ってイメージで影響を与えようという考え方が、根本的に間違っているのだと思いますよ。

だから、なぜドイツは国民投票の制度がないのかという話になった時、その理由のひとつが「ナチスドイツ時代の失敗」にあるのだと聞いて、僕はとてもよく分かる気がしたのですね。というのも、ナチスは天才的に、当時のどの国よりも「広告」の力、それも「イメージ広告」の重要性と力を理解していたのだから。

彼らは映像や音楽やファッションからプロダクトデザインに至るまで、今でいう「マルチメディア的」なアプローチで国民の気持ちを引き付けて独裁体制を確立した。そんなナチス体制下で行われた国民投票で、彼らの提案が有権者の約90％の支持を得て承認されたという事実は、そのまま「国民投票と広告」の問題がはらむ危険性を端的に示していると思いますね。

日本の国民投票はアメリカの大統領選に似ている？

南部　こうしたヨーロッパ諸国と対照的な例としては、テレビＣＭも自由で運動資金も基本的に使い放題の、アメリカ大統領選挙が想起されます。

アメリカの大統領選の場合、最初の勝負は「どれだけ多くの選挙資金を集められるか」だと言います。そもそも、日本の政見放送のような選挙公営の制度がなく、広大な国土で、長期間にわたってキャンペーンを展開しなければならないので、資金調達がとにかく大変です。移動には、飛行機がチャーターされることもありますし。運動の中核はテレビCMで、対立候補に対する誹謗中傷など、ネガティブキャンペーンを躊躇《ちゅうちょ》なく行います。

日本人から見ると、いささかやりすぎにも見えます。しかし、客観的に見れば、現行の国民投票法には、アメリカと同じようにテレビCMの規制がほとんどなく、資金さえあれば、放送広告にいくらつぎ込んでも構わない。つまり理屈の上では、ああいう、アメリカ大統領選挙みたいなやり方も決して不可能じゃないということです。また、キャンペーンが長期間にわたることも、アメリカ大統領選と日本の国民投票は似ていますね。

本間　ただし、アメリカの大統領選は資金の流れはきちんとチェックされるのではなかったですか?

南部　イギリスに比べれば厳しくありませんが、アメリカにも選挙後に候補者の収支報告が義務づけられています。連邦選挙委員会（FEC）がその都度発行する報告書では、寄付をした者の氏名など、収支のあらゆる情報が明らかにされます。古い事例ですが、ウォーターゲート事件（1972年）では、共和、民主両党の議員が、多額の違法献金を受領していた事実が発覚しました。この事件を教訓に設立されたのが、FECです。

本間　つまりアメリカでは、企業が世間に知られずにコッソリどちらかを応援する、なんてことはできないわけですね。日本の場合、使ったお金が分からないという意味で、アメリカよりも大変なことになる可能性があるわけです。これをどう変えていくのか、次の章で具体的な国民投票法改正案を議論しましょうか。

第6章　国民投票法をどう変えるか

国民投票法改正の3つのポイント

南部　前章までのやり取りで、テレビ・ラジオのCMが国民投票に与える影響の大きさと、そうしたCMが持つ力に対し国民投票法がいかに無防備であるかという、深刻な問題点がハッキリと見えてきました。

もちろん、賛成・反対の主張を有権者に分かりやすく伝えるための広告は便利だし、コンテンツとして必要不可欠です。しかし、国民投票は通常の選挙とは違う。当選した政治家に問題があるなら、4年後とか6年後の選挙で落選させればいいのに対し、憲法改正国民投票は定期的に実施されるものではありません。「今回は失敗だったけど、この反省は次に活《い》かそう」というものではなく、「やり直しが利かないもの」だとあらかじめ認識しておく必要があります。

憲法改正が具体的なスケジュール感をもって論じられることが増えている昨今、現行法の規定をそのまま放置しておくことはできません。最後の章では、どのような改正を行うべきか、第1章のおさらいも含めて、具体的に考えていきましょう。

本間　僕は３つポイントがあると考えます。①テレビＣＭなど広告そのものを規制するルールづくり。②国民投票運動の「資金」、つまりお金の話ですね。ちなみに、このふたつは表裏一体です。そもそも広告の規制が必要だというのも、根底にあるのは「より潤沢な資金のある方が有利」ということでは公正を欠く、ということですから。

それに加えて、③日本の広告業界の「特殊性」が与える影響の軽減、排除です。

南部　①広告の規制でいうと、これまで見てきた通り、テレビ・ラジオのＣＭが最大の焦点になるでしょう。現行１０５条の「投票日14日前から勧誘ＣＭのみ禁止」だけでは不十分だし、非勧誘ＣＭについては抜け道がありうる。

本間　「私は憲法を変えるべきだと思う」と意見表明するだけのＣＭなら、投票当日まで流すことができるという話ですね。

しかし、改めて不思議でならないのは、国民投票法が作られた時、南部さんをはじめとする法案の議論に加わった人たちが、なぜ広告やお金について、これほど規制の少ない「野放し」にしてしまったのかですね。

もちろん、第１章で南部さんが言っていたような「国民投票は主権者である国民自身が主役なのだから、可能な限り自由闊達な議論が行えるよう、表現の自由、言論の自由を最大限優先させ、規制を最小限にとどめるべき」という美しき立法哲学は、理屈として分からなくもない。

でも、南部さんたちは海外の法制度も参考にしたうえで、法律を作ったわけですよね。当然、海外ではテレビCM全面禁止が多いことも知っていたはず。それなのに、それが肝心の国民投票法にはほとんど反映されず、規制が「投票日14日前」だけになってしまったというのは一体どうしてなんだろうと思うのですよ。

法案作成時は、CMなんて気にしていなかった

南部　第1章でも触れた通り、国民投票法は2005年から2006年にかけて、衆議院の「憲法調査特別委員会」を舞台に、与野党（実質的には自民党と民主党）理事会協議の場で論点整理を行い、合意形成を深めていきました。

ただ、当時の記憶を辿っても、資料を読み返してみても、テレビ・ラジオのCM規制に関しては主要論点として挙がったことがなく、「留意事項」程度の扱いだったことが分かります。

本間　たしか、南部さんたちが最初に作った民主党の原案では、「メディア規制ゼロ」というのが重要な基本方針でしたね。

南部　そうです。原案を作った2005年4月の時点では、正直に言って、CMが大問題になるとは思ってなかったんです。第1章で述べた通り、「広告主の言論・表現の自由を最大限保障する」ことに重きを置いていたので、メディアの規制は極力行わないのが基本方針でした。まして、「CMは恐ろしい」なんて、誰も考えていなかった。

本間　南部さんも気づいていなかった？

南部　お恥ずかしい話ですが、気づいていませんでした。とにかく「自由闊達な言論空間を作る」というのが最優先でしたから。

一方の自民党案（2005年）は、こちらもCM規制については触れていないものの、「新聞・雑誌・テレビ等の虚偽報道の禁止」や「新聞・雑誌の不法利用等の禁止」といったメディア規制の可能性に触れています。虚偽報道などを禁じた「公職選挙法」に倣う形での規制の方向性を残していました。

この点について、民主党側は「罰則で担保するような規則ではなく、国民投票の公正さを保つよう、メディア等の自主的な取り組み、自主規制に委ねるべき」という主張でした。「美しい立法哲学」も本間さんから見ると実に性善説的というか、甘いと言われるかもしれませんが。

本間　この自民・民主の違いは少し面白いと思います。というのは、2005年頃は、テレビのニュース番組やワイドショーなどで、今よりストレートに国や政府へ異論を展開する番組やキャスターが多かった印象がありました。だから、民主党よりも自民党の方が、そういう「テレビの持つ力」に対する警戒感があったんじゃないかな。

逆に、ここ数年はメディア側が国からの「圧力」に屈したり「自主規制」「忖度」するケースが増えているから、「公正な放送」を望みたいのは、むしろ野党の側だったりする気もするけど。すみません、話が逸《そ》れましたね。

南部　いずれにせよ、自民党、民主党ともに、CMについて、当初はあまり気にしていなかったわけです。それが少し変わり始めたのが、2005年11月に行われたヨーロッパ5か国（オーストリア、スイス、スロバキア、スペイン及びフランス）の調査でした。現地で国民投票制度に関する調査を行い、「どうもCMについては特段の法的配慮を講ずる方向で検討すべき」という話になってきたんです。

本間　海外視察で気づいたのですね。

南部　当時は小泉内閣の郵政選挙もあって、いわゆる「劇場型の政治」のすごさが見えてきた時期でもありましたから。

それで、憲法改正についても「投票日まで、有名人を起用したCMがテレビでガンガン流れて、それに国民が熱狂して投票に向かう」可能性があるということに気づいたんですね。それなら、投票日直前くらいは有権者が冷静になる期間を置いた方がいいんじゃないかということになった。

そこでまず、「投票日7日前からのCM禁止」という案で両党の意見が一致したのが、2006年5月のことです。

風向きを一気に変えた、故・天野祐吉氏の国会証言

本間　民主党も「投票日7日前」で合意したのですか？

南部　そうです。当初は、自民・公明両党の案、民主党案のどちらも「投票日7日前からの禁止」でした。しかし、民主党は最終的に「CM全面禁止」へと、その方針を180度転換しています。自民・公明の両党も、「7日前」から「14日前」へと、禁止期間を1週間延ばしました。

　両案修正の大きなきっかけとなったのが、2006年6月、衆議院憲法調査特別委員会に参考人として招致されたコラムニスト、故・天野祐吉氏の発言でした。

本間　それは興味深いですね。天野さんは博報堂のご出身で僕の大先輩でもありますが、退社後に雑誌「広告批評」を立ち上げて、長く編集長を務めた方です。広告の持つ力や怖さを誰よりも理解している人でした。

南部　天野さんはこういうことをおっしゃったんです。

「(テレビCMの) 一番本質的な問題は、新聞広告のように活字という一回抽象化された手段で意見を言うのとは違って、放送の場合はその人の肉声とか身振りとか表情とか、そういうことを含めた非常に『アフェクティブ』(感情的・情緒的) な——『インフォーマティブ』(説明的・解説的) というよりも『アフェクティブ』な要素が非常に強くなる。それは放送の利点でもあるんだけれど、そのことが意見広告の場合には非常にいろんな問題を含んでくる」

「こういう問題に関しては、まだ未成熟だから、意見広告は放送媒体になじまない」

こう証言して、CMは全面的に禁止することもひとつの選択肢だと訴えたんですね。

本間　天野さん、さすがだなあ……。

南部　天野さんの発言は、特に民主党案の責任者だった枝野幸男さん（法案の筆頭提出者で、当時、民主党憲法調査会長）の心を揺さぶったのだと思います。民主党は、2006年12月、「投票日7日前からの禁止」という案を、次の3つのいずれかに修正する方針を固めました。（1）投票日14日前からの禁止にする。（2）投票日14日前からの禁止。また、15日前まで放送されるCMについて、賛成・反対の両派で条件の不平等が生じないよう放送メディアに向けた〝配慮規定〟を置く。（3）発議後、全面禁止にする。

そして、2007年4月、修正された民主党案では（3）の全面禁止案が採用されたのです。

他方、自民・公明両党は、民主党側の修正を意識し、投票日14日前から禁止する案に修正しました。これが現行法に引き継がれています。

国会の決議を無視し続ける「民放連」

南部　こうして、日本の国民投票制度では欧州各国のような「CM全面禁止」は盛り込まれませんでした。

２００６年の秋、自民・公明両党の修正協議では、CM料金や放送時間等の条件に関して、公平な扱いが行われるよう、明文化すべきだとの意見も示されました。しかし、これも「政府や国会が、民間企業である放送事業者に対して介入する根拠になり得る」との懸念から、最終的に見送られました。

ただし、その代わりと言ってはなんですが、参議院の憲法調査特別委員会では「テレビ・ラジオの有料広告規制については、公平性を確保するためのメディア関係者の自主的な努力を尊重するとともに、本法施行までに必要な検討を加えること」という「附帯決議」が付されました。制定法に対する「注文」だとイメージしてください。

本間　テレビ局に、公平性を確保するために自主的な努力をしてね、とお願いしたわけだ。

調べてみたら、民放連会長は国民投票法成立を受けて「意見広告の取り扱いについては、放送事業者の自主・自律による取り組みに委ねられるべき」というコメントまで出しているのですよね。

ところが、それから今に至るまでの10年間、民放連は附帯決議が求める「公平性を確保するための自主的な努力」や、「国民投票法施行までに必要な検討」について、議論も検討もしてこなかったことが、「朝日新聞」（2017年5月31日朝刊）の取材でも明らかになっている。

自分たちが法的な規制を逃れる代わりに、自主的な努力をするようにと「宿題」を出されたのに、全く手を付けないまま放置しているわけです。無視を決め込んでいるといっていい。

南部　その記事は私も読みました。

本間　ただし、これも僕に言わせれば想定の範囲内ですよ。これまで何度も言っているように、代理店にとってもテレビ局にとっても、国民投票運動に関して「広告規制実質ゼロ」「広告宣伝費制限ゼロ」というのは理想的な、最高にオイシイ状況なのです。そのメ

連番第１０３号
平成２９年9月２１日

国民投票のルール改善を考え求める会　御中

一般社団法人 日本民間放送連盟
専務理事　木　村　信　哉

拝啓　時下ますますご清祥のこととお喜び申しあげます。

日頃は、民間放送事業に格別のご高配を賜り、厚くお礼申しあげます。

さて、貴会が１０月１２日に開催する「国民投票のルール改善を考える円卓会議」への出席と、７月１０日付の「要望書」への対応に関する説明のご依頼をいただきましたが、現時点ではご説明すべきことはないことから、出席をご遠慮申しあげることといたしましたので、ご連絡申しあげます。

敬具

2017年９月、広告規制について議論する民間有識者会議「国民投票のルール改善を考え求める会」（今井一氏主宰）は、民放連に会への出席を呼びかけた。民放連は国会決議を10年間も無視し続けているにもかかわらず、「何も説明すべきことはない」と出席を拒否した。

ディア側が自分からわざわざ「自主規制」なんて望むはずがないし、CM禁止なんて議論が広がること自体が、彼らにとっては大迷惑なのですね。

それはテレビ局に限ったことではなくて、広告収入に頼るすべてのメディアにとっても、基本的には同様です。「自ら損をするようなことは、できるだけしたくない」というのが彼らの本音なのでしょう。この1年ほど、われわれがこの問題を訴えても、なかなかメディア側の反応が鈍くて広がらないのは、おそらくそういう背景もあるのだと思いますよ。

南部　しかし、仮にCMの回数や料金に新たなルールを設けるとしても、すべてを法律で定めて罰則規定などを背景にメディアをコントロールするというのは、やはり公権力とメディアの関係からいって、根本的な問題がある。

そうした法規制を行わない代わりに、テレビ局が相手によってCM枠の値段を変えたり、番組の中で明らかに公平性を欠いたりすることがないよう、事業者の側でも自主的な一定のルールづくりは必要だと思いますね。現状では、賛成・反対の両派に対して、メディアの力が歪んで行使されてしまうことになってしまいますから。

本間　僕は「彼らは自ら損するようなことはしたがらない」と言ったけど、本来は放送事業って、単なる営利活動じゃない、高いレベルの「公共性」が求められるものですからね。その前提の上で自主性に委ねられていることを、忘れてもらっては困る。

本間私案「CM全面禁止」「資金の規制、会計の透明化」

本間　それでは、今の国民投票法をどう変えれば、より「公平」かつ「公正」そして「建設的」な形で憲法改正に関する国民的な議論ができるのか、具体的な提案に移りましょうか。

細かい話はたくさんあるのですが、まず検討すべきは、イギリスやフランスのような「テレビCMの全面禁止」。あるいは、国が両陣営に対して同じ条件で提供する「無償のCM枠」を設定し、その時間に限ってCMを流してもいい、という形ではないかと思いますね。

そうすれば、CMの回数や頻度、放映時間は限られるとはいえ、一応「表現の自由を守れ」と主張している人たちにも反論できるし、CMの量と放送時間に関して、片方が有利になるおそれはないですから。

僕がCM全面禁止を主張すると、よく「有権者がテレビで各派の主張を把握できなくなってしまう」という反論はあるけれど、それはもうすでに広報協議会の「広報放送」が用意されています。まだ細かいことは何も決まっていないようなので不安は残りますが。

いずれにしろ、テレビで流すにしても、「金が左右する、不平等を生むもの」と「金が左右しない、公平なもの」がある。「公平なもの」が準備されているのだから、それなら全面禁止でいいだろうということですね。

一方、テレビCM以外の広告に関しても、青天井のまま全部「野放し」の現状をこのまま放置するのはまずいと思います。そうなると、やはり広告費、あるいは「国民投票運動の運動費用」と言った方がいいのかもしれないけれど、それにも一定の上限を決めるべきでしょう。そして、会計報告を義務づけることで、お金の出入りが後からちゃんと検証できるようにしないといけない。

「そのお金を何に使ったのか」「誰にいくら支払ったのか」「高額の寄付をした人間や組織・団体はどこの誰なのか」。こういうことは、ちゃんとすべて記録に残す仕組みを作る。そうやってお金の流れが後から検証できるようにすれば、さすがにあまり変なことはできないでしょう。

南部　基本的な考え方は私も本間さんと同じです。運動費用の話が一般的なので、使える金額に上限を設けるべきかどうかから先に議論しましょう。本間さんの案を踏まえて、イギリスの制度を参考に、A案とB案のふたつを考えてみました。
A案は条件付きでテレビ・ラジオのCMを認めていて、B案は全面禁止としています。

細かく説明しましょう。

南部私案「個人・団体の登録」「バジェットキャップ」

南部　まずA案・B案に共通しているのは、費用規制を設けようという点です。イギリスの制度に倣い、国民投票運動に関わる個人、政党その他の団体で、国民投票運動の支出として総額100万円超を見込む者は、中央選挙管理会に対して事前の登録を必要とすることとします（登録運動者制）。

また、登録の期限は、A案・B案共通で「投票期日15日前まで」としました。ちょうどその翌日（14日前）から、期日前投票や不在者投票が始まります。悪意ある登録運動者が、期日前投票者や不在投票者に影響を及ぼそうと、終盤になって駆け込み的に登録をして、「短期間で多額の支出」をするケースを排除することが目的です。

本間　100万円に理由はあるのですか？

南部　特にありません。イメージとしては、投票日まで180日間の場合、日当6000円で毎日、チラシ配りのアルバイトを雇うと、108万円です。だから、アルバイトなど

南部私案 A案

- **CMは全面禁止**
- **ただし、両派の「指名団体」によるCMは例外として認める**

国民投票運動期間

180〜60日前　憲法改正の発議、憲法改正案の公示、国民投票期日の告示（同一日を想定）

登録期間　180〜15日前

国民投票運動のために、100万円を超える支出を行おうとする者（**法定上限額5億円**）

申請 → **国民投票広報協議会**

登録運動者（上記）は、国民投票広報協議会に対し、国民投票運動CM等の指名団体となるべき旨、**申請**することができる。

〈賛成会派〉 → **一の指名団体**

〈反対会派〉 → **一の指名団体**

各指名団体は、投票期日15日前まで、**民間放送連盟が別に定める基準・要件**に従い、国民投票運動CM、意見表明CMを放送することができる（**例外的容認**）。

指名団体以外の者は、前記のCMを放送することができない。

14日前

期日前投票の期間

指名団体も含め、国民投票運動CM、意見表明CMが禁止される

1日前

国民投票の期日

（期日の翌日）

↓

3か月以内　100万円超〜1億円を支出した登録運動者は**収支報告**を提出

↓

6か月以内　1億円超〜5億円を支出した登録運動者は**収支報告**を提出

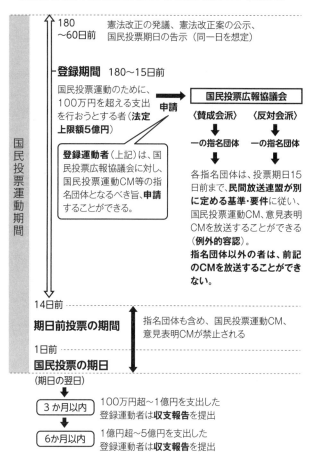

を雇う「運動者」は登録を行う必要がある、となりますね。

あるいは、1回60万円かかるポスティングを期間中「1回だけ」行うのであれば、登録の必要はないけれど、「2回以上」行うのであれば登録が必要、となります。

本間　なるほど。

南部　次に運動費用の上限設定、いわゆる「バジェットキャップ制」の導入です。こちらは、その運動費用の上限を5億円に設定。

その上で収支報告を義務づけます。最終的な支出として100万円超～1億円を支出した登録運動者は投票日翌日から3か月以内、1億円超～5億円までを支出した登録運動者に対しては6か月以内に収支報告をするように義務づけます。そうすれば、運動資金に関して一定の歯止めがかけられるし、資金の出入りの透明性も確保できます。

本間　金額によって3か月と6か月の違いがあるのは、額が大きいとそれだけ会計処理の作業も大変だからですか？　それから、運動費用の上限はなぜ5億円なのですか。

南部　収支報告の期限の違いについては本間さんの言う通り、会計処理作業に時間がかかるからです。

南部私案 B案

●CMを全面禁止。例外は一切認めない

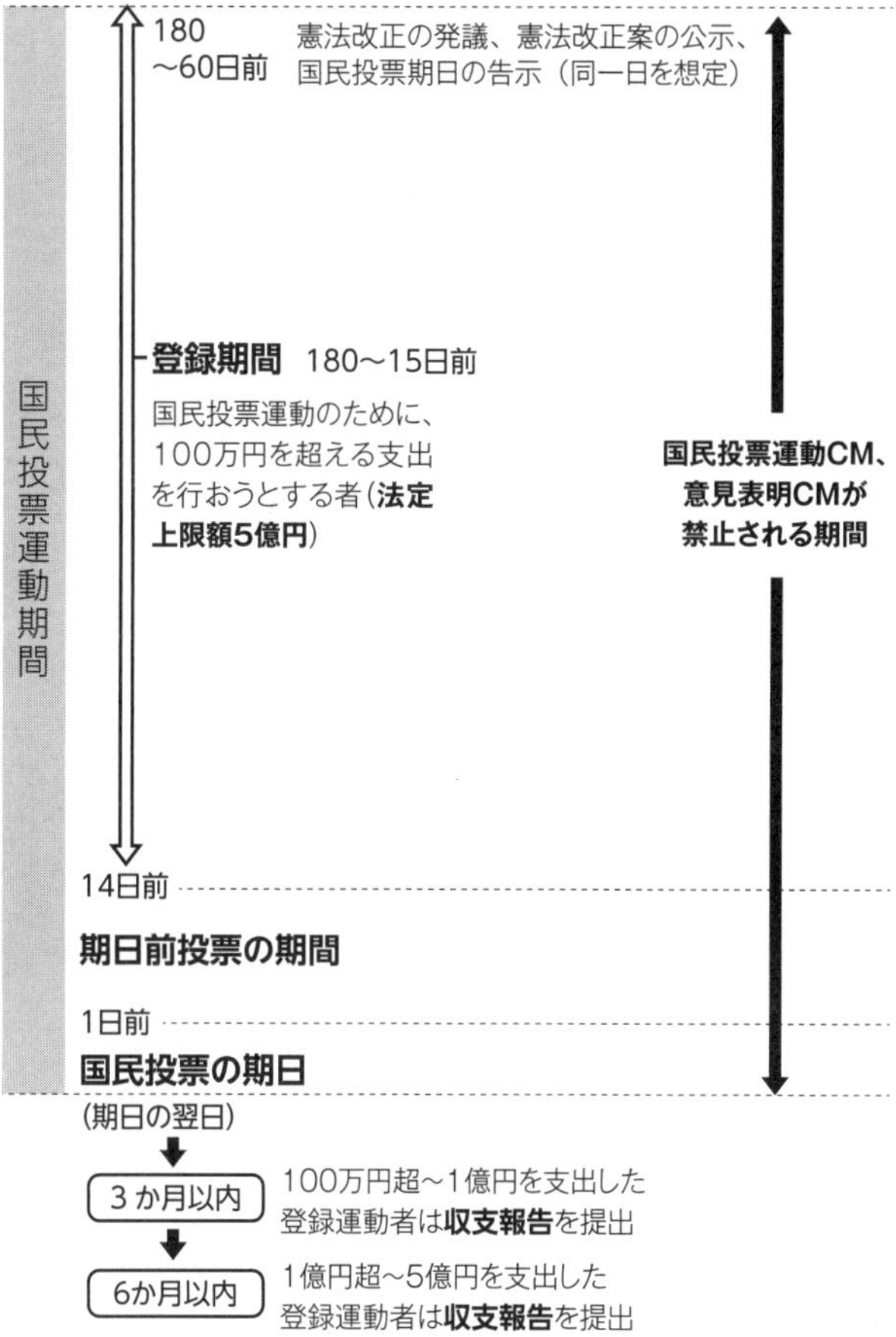

運動費用の法定上限ですが、こちらはやはりイギリスの国民投票制度を参考にしました。EU離脱の是非を問う国民投票では、1万ポンド（約140万円）の支出を行う者は事前登録が必要で、運動費用の法定上限を70万ポンド（約9800万円）としていました（選管が指定するふたつの「主導運動者」と政党を除く）。

ちなみに、この時の国民投票の運動期間は2016年4月15日公示、6月23日投開票で70日間でした。この70万ポンドという上限額については、1日あたり1万ポンド×70日分という計算も成り立ちます。

それを日本の国民投票で想定される最長期間180日に当てはめると、上限は1万ポンド（約140万円）×180日＝180万ポンド、つまり約2億5000万円となります。さらに、日本の人口はイギリスのおよそ倍なので法定上限額も2倍にして、5億円というわけです。

ここまで制度化すれば、出処の分からない多額の資金が国民投票運動のために費やされ、多数の有権者が「惑わされる」という事態は起こりえないと考えます。

本間　そういう計算ですか。あと、既存の政党についても、同じように登録をさせて、運動費用の上限5億円が適用されるということになるのですか？

南部　そこについては、正直、考えどころですね。基本的には既存の政党に関しても、事前の登録を求めて収支報告も同じ仕組みで行うのがよいと思います。が、運動費用の上限額については、特例規定を置いてより多くの支出を認めるというのもありでしょう。あるいは、イギリスに近い形で、直近の国政選挙の得票率や各党の議席数に応じて、運動費用の上限額を上乗せするというのも、ひとつの考え方かもしれません。

南部私案「条件付きCM可のA案」「CM全面禁止のB案」

本間　もうひとつの、テレビCMの扱いについては？

南部　テレビCMについては、B案が全面禁止。一方のA案はイギリスに近い形にしました。つまり、登録運動者の中から憲法改正に賛成と反対それぞれの立場を代表する「指名団体」（イギリスの主導運動者に相当）をひとつずつ、国民投票広報協議会が指名し、それらの指名団体に限って例外的にテレビ・ラジオのCMの放映を認めるという考え方です。

本間　ただ、イギリスの場合は「主導運動者」だけがテレビを利用したキャンペーンを許されるといっても、それはあくまで国や選管が両陣営に対して公平に与える「無償のテレビ放送枠」の中というのが前提でした。各陣営が、独自にお金を払ってCMの放送枠を買う「有償CM」については全面禁止でしたよね。

南部　その通りです。その点で言えば、私のA案は、ふたつの「指名団体」に限られるとはいえ、「有償のCMを自由に流せる」という点で、イギリスの制度よりCMに関する規制が緩いとも言えます。

ただし、それらの指名団体についても「運動費用の法定上限5億円」が適用されますから、それがCMに対しては、量的な歯止めになるという考え方ですね。

本間　うーん、運動期間が最大の180日で広告予算が最大で5億円だと、ゴールデンタイムに1日1回、CMが流せるかどうか（笑）。日本のCM料金が高すぎるのかもしれませんが。

南部　もちろん、そのあたりはまだ検討の余地ありです。イギリスが、「主導運動者」になると運動費用の上限が「10倍」の700万ポンドになったように、「指名団体」についてはその上限を緩くするという考え方もあるでしょう。法定上限5億円を10倍にし、「50

億円」まで引き上げるかどうかも含めて検討の余地はあります。ただ、ここであまり多額の運動費用を認めてしまうと、せっかく導入したCM規制の意義を没却しかねません。

本間　たしかにそうですよね。

南部　一方のB案はCM全面禁止案です。A案と同様の費用規制を設けた上で、憲法改正が発議された後は、投票日までCMを全面的に禁止するという非常にシンプルなものです。

ちなみにA・B案とも、国民投票広報協議会が無償で確保する「広報放送」（国民投票法版「政見放送」）に関しては、無償で放送枠を与えられ、テレビやラジオを使った宣伝が可能です。広報放送枠を誰が、どのように使うかという部分については、憲法改正が発議される前に、あらかじめ基本方針を定める必要があるでしょうね。

また、現行国民投票法は、投票日14日前から投票日までの間のCMが禁止されます（105条）。ただし、本条で禁止されるのは勧誘CMであって、非勧誘CMは許されることになる、しかも両者の区分は厳密にできないという話をしましたよね。

A案は、この規制の範囲を拡大して、「国民投票運動CM」（勧誘CM）と「意見表明CM」（非勧誘CM）の双方を、投票日14日前から投票日までの間、禁止することとしています。Ｂ案は、勧誘ＣＭ、非勧誘ＣＭの双方について、発議の後は全面禁止とします。

ファクトチェック機関が必要だ

本間　僕も南部さんの案には賛成ですが、基本的にはＣＭを全面禁止とするＢ案の方がベターでしょうね。Ａ案の指名団体のＣＭが可能な場合でも、元代理店の人間としては、ほかにこんな規制もすべきだと思います。

①テレビ・ラジオＣＭ（電波媒体）における放送回数をあらかじめ規定し、放送時間も同じタイミングで流す。もしくは同じ金額と規定する。

②先行発注による優良枠独占を防ぐため、広告発注のタイミングを同じとする（「国会発議後」など）。

③報道内容や報道回数、ワイドショーなどでの放映秒数などで公平性を損なわないよう、民放連に細かな規制を設定させ、違反した場合の罰則も設ける。

④政党・団体など、国民投票の運動団体によるテレビの討論番組、ワイドショー、報道番組などへのスポンサード（提供）禁止。

ただ、先ほど南部さんが言った通り「放送業者の自主性・独立性に対する権力による介入」という批判が出る可能性はあります。特に③については、「公正中立な報道なんてありえない。画面をどう切り取るかだけで偏ることは避けられない」という意見がありうるでしょう。

僕もそれはそうだと思う。しかし、カネの力で偏った報道が起きるリスクが目の前にあるのだから、まずはその危険性を減らすことを考えないといけないのではないかと思うのです。

南部 本間さんの話も理解できるのですが、CMの総量や価格などの放送条件については、公権力が放送事業に過度に入り込むことになるので、どうしても法律で縛るのは難しい部分がありますよね。その意味ではやはり、民放連などの自主的な努力に、期待を寄せるしかないでしょう。

本間 ただ、民放連があの体たらくだから期待できないですよね。だとしても、最低限、CMや放送内容が、いわゆる「フェイクニュース」的な虚偽情報や、根拠のないデマなどによって影響を受けないように、内容を迅速に検証、審査する中立で第三者的な立場の団体が必要だと思います。広報協議会の一部局を拡大させて、そういうチェックができるようにしてもいいのでは。

南部　私は、言論活動の規制に関与する機関を国会に置くのはよろしくないと思います。むしろ、柔軟かつ迅速な問題解決を図る民間機関として、「国民投票オンブズマン（仮称）」を組織化すべきでしょう。ただ、その場合でも、オンブズマンの人選、運営資金の調達が問題ですが。

いずれにせよ、どんな表現が問題なのかの基準を作ることと、問題が起きたらファクトチェックをして迅速に裁決すること、このふたつを担う組織は不可欠です。

憲法改正より前に、「ルール整備」に関する国民的議論を

南部　こうして具体的な改正案について考えてみましたが、もちろん現行法にＣＭと運動資金についての規制を設けるだけで十分だとは思いません。現代の広告には本当にさまざまな形態があって、メディアのあり方も日々、変化を続けています。

その意味では、より多くの人たちがいろいろなアイディアを持ち寄りながら、国民投票

法という「憲法改正の手続きルール」をよりよいものにしてゆくための、幅広い議論を喚起することが非常に重要だと思います。

本間　「憲法改正に関する国民的議論」の前に、まずは「国民投票のルール整備」に関する国民的議論が必要だということですね。

憲法は日本という国の大事な背骨で、第1章で南部さんが言った通り、その改正を問う国民投票は、主権者である国民が主役なわけじゃないですか。

でも、改憲案に対して国民が議論を戦わせる「リング」の床が、初めから一方に傾いていたり、舞台の外側から大きな力でリングを揺らすことができたり、あるいは外から簡単に凶器が投げ込めたり……というのでは、本当の意味で「国民が主役」の公正で健全な議論なんて期待できるはずがありません。

南部　だからこそ、われわれはまず、国民が公正で健全な議論のできる「きちんとしたリング」の整備を始めなければいけないのだと思います。この本を通じて私たちが語り合ってきたことが、そうした幅広い議論のひとつのきっかけになってくれれば、と願っています。

本間　同感ですね。僕と南部さんという全く異なったバックグラウンドを持つ2人が、こうやってじっくりと語り合って、互いに多くの発見や気づきがあって、ひとつの大きな問題意識につながった。「国民的議論」って言葉はなんだか堅苦しい響きがあるけれど、今回、僕たちが経験したような「出会い」と「対話」がいろんな場所で広がってゆくことが、本当の意味での「国民的議論」なのだと感じました。

南部　国民投票で本当に大事なのは、「意見の違い」「立場の違い」を持った人たちが、正々堂々と議論し、あるいはその議論を通じて考えながら、憲法改正というこの国にとって大事な決断に参加することです。間違っても、議論をどちらか一方へ有利にするための戦略に、知恵やエネルギーを注ぐことではありません。

本間　そうですね。だからこの本で言いたいのは「賛成派はずるい」とか「反対派が危ない」とかそういう話ではなく、さらには電通や博報堂などの巨大広告代理店が悪だと言いたいわけでもない。彼らは単純に、法の中で商売をしようとしているにすぎません。ですから大事なことは、「国民投票」をやるなら、お金や広告が力を持ちすぎることがない、フェアな議論の場を作りましょうということに尽きます。

南部　そうですね。憲法改正の中身を云々《うんぬん》する以前に、まずは公正なリングをきちんと整えましょうということです。自由で公正な議論ができる「場」を作ることが、民主主義の「第一歩」なわけですから。

おわりに

南部義典

「CM規制は、もう終わった話だろう」

「国民投票法の改正問題に、世論は今さら乗ってくるのか？」

実のところ、本間さんと議論を交える直前まで、私の問題意識はぼんやりしたままでした。私の話が法律、制度の一方的、客観的な説明に終始してしまうことを恐れながら、どんな流れで話を進めていったらいいのか、一抹の不安を抱いていました。

第1章と第6章で触れましたが、民主党（当時）は、憲法改正案のCMに関して「規制なし」という当初の方針を、1年あまりで「全面禁止」と180度転換させました（2007年4月）。しかしその後、憲法論議そのものが低調となったこともあり、CMの全面禁止に向けた議論が提起されることはありませんでした。また、国民投票法は2014年6月に一度、大きな改正を行っていますが、この時もCM規制の議論が提起されることなく終わっています。

本間さんと対談を行った2017年は、国民投票法が制定されて10年という節目でした。節目の年なので、私もテーマに関係する論文を法律専門誌に寄せたりするなど、自分なりの考えをまとめる程度のことは行ってきました。しかし、それはあくまで制度論、立法論を述べたにすぎません。現実に、国民投票で何が起こるのかという具体的な想像を欠いたまま、対談のテーブルに着くことになった次第です。

そうして始まった、本間さんとの対談。長く続く業界の寡占状態、透明さと公平さを欠く商慣習、地方メディアとの強力な相互依存体質……営業マンとして長く業界の一線で活躍した本間さんならではの指摘に、私は多くの「気付き」を得ました。国会が憲法改正を発議した日から投票日までの間に存在する、巨大な「国民投票広告市場」にどう対峙《たいじ》すべきか——本間さんの指摘は単なる課題提示ではない「警告」だと、私はそう確信するに至りました。

このまま『広告が憲法を殺す日』を迎えてしまっていいのでしょうか。最悪の事態を何とか避けることができるよう、私たちは早速、必要なルールづくりを始めなければなりません。

法律を改正したり、その運用を見直すということになると、私たちは国会（議員、政党）任せにしがちです。しかし、ＣＭ、広告の件に限りませんが、国民投票のルールづくりは常に、私たち主権者・国民の側こそ出発点となるべきであり、国民の側から国会へと議論を提起する形で、真摯な合意形成が進められるべきです。国会に任せきりにする結果、国民主権が害されることさえあるからです。

ひとつ例を挙げましょう。国民投票法は過去に一度、大きなトラブル（立法事故）を起こしたことがあります。

それは、国民投票法が全面的に施行された２０１０年5月18日のことでした。この日から、国民投票権年齢（国民投票の有権者の資格を得る年齢）が満18歳以上なのか、満20歳以上なのか、確定しない状態に陥ってしまったのです。国民投票権年齢を18歳以上、20歳以上のいずれと決めるためには、前記の施行日までに18歳選挙権法（公職選挙法の改正）、18歳成人法（民法の改正）などを整備することが条件となっていたのですが、国会の怠慢により未整備のままになってしまったことが原因です。国民投票権年齢が確定しない状態はその後、国民投票法の改正による手当てを行った2014年6月まで、4年1か月も続いてしまいました。言うまでもなく、国民投票権年齢が確定しない状態では、国民投票を行うことはできません。傷ついた「国民主権」はそのまま、ずっと放置されていたのです。

「国会の憲法改正発議に向けた動きが風雲急を告げていて、ルールづくりの時間的余裕はもうないのではないか」「このまま、第一回憲法改正国民投票をすんなりと迎えることになるのではないか」と考える方がいるかもしれません。

確かに、2018年3月現在、与党第一党である自由民主党は、憲法改正に向けた党内議論と意見集約を精力的に進めています。しかし、進んでいるのはあくまで、党内議論です。具体案に関する合意形成に腐心する一方、他党との協議に入る段階には至っていません。この点は、残念と言っていいものか、野党時代の議論と何も変わっていないのです。また、自由民主党は単独で、衆参両院で3分の2以上の議席を有してはいません。「3分の2超え」のため、他党との協議を行い、その結果に基づく合意形成が「次のハードル」として否応《いやおう》なく立ちはだかります。

つまり、国会の憲法改正発議が現実となる日は、世間で想像されているほど近づいているわけではないのです。私たちには、国民投票法を再検証し、公正なルールづくりを行う時間と余裕が十分、残されています。

そこで私は、読者の皆さんに改めて訴えます。憲法改正に対する賛成、反対の立場を超えて、お互いが納得できるルールづくりをスタートさせようではありませんか。本書は、CMその他の広告に対する規制、国民投票運動費用に対する規制のあり方に関して、他の文献では得られない有益な視点を提供することができる内容に仕上がったと、いささかの自負を感じています。もちろん、広告の問題に限りません。憲法改正原案の内容区分、国民投票広報協議会の事務内容と運営、国民投票犯罪に係る少年法の適用関係、選挙制度に後れている投票環境向上施策の整備、絶対得票率規定（よく主張される「最低投票率」ではない！）など、検討すべき点はなお残されています。本書を手がかりに、社会のさまざまなレベルでルールづくりの議論を始めていただけるのであれば、著者としてこの上ない幸せを覚えます。特に、未来の国づくりを担う、10代、20代の方々のアクションに、大いに期待します。

*

本書の刊行は何より、国内外で数多《あまた》の業績を誇るフリーライター・川喜田研さん、そして集英社新書編集部・穂積敬広さんによる、数か月間にわたる懇切丁寧な諸作業の賜物です。専門分野が相異なる本間さんと私の発言を的確に整理し、図表も加えながら、読み進めやすい内容に仕上げていただきました。お二方に対し、改めて御礼を申し上げます。

２０１８年３月

図版作成／ＭＯＴＨＥＲ

本間 龍（ほんま りゅう）

一九六二年、東京都生まれ。著述家。一九八九年博報堂入社、二〇〇六年退社。原発安全神話を作った広告を調査し、原発推進勢力とメディアの癒着を追及する。『電通巨大利権』『原発プロパガンダ』など著書多数。

南部義典（なんぶ よしのり）

一九七一年、岐阜県生まれ。シンクタンク「国民投票広報機構」代表。衆議院議員政策担当秘書、慶應義塾大学大学院法学研究科講師（非常勤）を歴任。『［図解］超早わかり国民投票法入門』など著書多数。

広告《こうこく》が憲法《けんぽう》を殺《ころ》す日《ひ》 国民投票《こくみんとうひょう》とプロパガンダCM

集英社新書〇九三一A

二〇一八年四月二二日 第一刷発行

著者……本間《ほんま》 龍《りゅう》／南部《なんぶ》義典《よしのり》

発行者……茨木政彦

発行所……株式会社集英社

東京都千代田区一ッ橋二-五-一〇 郵便番号一〇一-八〇五〇

電話 〇三-三二三〇-六三九一（編集部）
〇三-三二三〇-六〇八〇（読者係）
〇三-三二三〇-六三九三（販売部）書店専用

装幀……原 研哉

印刷所……凸版印刷株式会社

製本所……加藤製本株式会社

定価はカバーに表示してあります。

ISBN 978-4-08-721031-6 C0232

集英社新書　好評既刊

政治・経済――A

「10年不況」脱却のシナリオ　斎藤精一郎
ルポ 戦場出稼ぎ労働者　安田純平
二酸化炭素温暖化説の崩壊　広瀬隆
「戦地」に生きる人々　日本ビジュアル・ジャーナリスト協会編
超マクロ展望 世界経済の真実　水野和夫／萱野稔人
TPP亡国論　中野剛志
日本の1/2革命　池上彰／佐藤賢一
中東民衆革命の真実　田原牧
「原発」国民投票　今井一
文化のための追及権　小川明子
グローバル恐慌の真相　中野剛志／柴山桂太
帝国ホテルの流儀　犬丸一郎
中国経済 あやうい本質　浜矩子
静かなる大恐慌　柴山桂太
闘う区長　保坂展人
対論！ 日本と中国の領土問題　横山宏章／王雲海
戦争の条件　藤原帰一
金融緩和の罠　藻谷浩介／河野龍太郎／小野善康／萱野稔人
バブルの死角 日本人が損するカラクリ　岩本沙弓
TPP黒い条約　中野剛志・編
はじめての憲法教室　水島朝穂
成長から成熟へ　天野祐吉
資本主義の終焉と歴史の危機　水野和夫
上野千鶴子の選憲論　上野千鶴子
安倍官邸と新聞「二極化する報道」の危機　徳山喜雄
世界を戦争に導くグローバリズム　中野剛志
誰が「知」を独占するのか　福井健策
儲かる農業論 エネルギー兼業農家のすすめ　金子勝／武本俊彦
国家と秘密 隠される公文書　久保亨／瀬畑源
秘密保護法―社会はどう変わるのか　宇都宮健児／堀敏明／足立昌勝／林克明
沈みゆく大国 アメリカ　堤未果
亡国の集団的自衛権　柳澤協二
資本主義の克服「共有論」で社会を変える　金子勝

沈みゆく大国 アメリカ〈逃げ切れ！ 日本の医療〉　堤 未果
「朝日新聞」問題　徳山喜雄
丸山眞男と田中角栄「戦後民主主義」の逆襲　佐高 信／早野 透
英語化は愚民化 日本の国力が地に落ちる　施 光恒
宇沢弘文のメッセージ　大塚信一
経済的徴兵制　布施祐仁
国家戦略特区の正体 外資に売られる日本　郭 洋春
愛国と信仰の構造 全体主義はよみがえるのか　中島岳志／島薗 進
イスラームとの講和 文明の共存をめざして　内藤正典／中田 考
「憲法改正」の真実　樋口陽一／小林 節
世界を動かす巨人たち〈政治家編〉　池上 彰
安倍官邸とテレビ　砂川浩慶
普天間・辺野古 歪められた二〇年　宮城大蔵／渡辺 豪
イランの野望 浮上する「シーア派大国」　鵜塚 健
自民党と創価学会　佐高 信
世界「最終」戦争論 近代の終焉を超えて　内田 樹／姜 尚中
日本会議 戦前回帰への情念　山崎雅弘

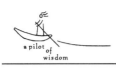

不平等をめぐる戦争 グローバル税制は可能か？　上村雄彦
中央銀行は持ちこたえられるか　河村小百合
近代天皇論 ――「神聖」か、「象徴」か　片山杜秀／島薗 進
地方議会を再生する　相川俊英
ビッグデータの支配とプライバシー危機　宮下 紘
スノーデン 日本への警告　エドワード・スノーデン／青木 理 ほか
閉じてゆく帝国と逆説の21世紀経済　水野和夫
新・日米安保論　柳澤協二／伊勢﨑賢治／加藤 朗
グローバリズム その先の悲劇に備えよ　中野剛志／柴山桂太
世界を動かす巨人たち〈経済人編〉　池上 彰
アジア辺境論 これが日本の生きる道　内田 樹／姜 尚中
ナチスの「手口」と緊急事態条項　長谷部恭男／石田勇治
改憲的護憲論　松竹伸幸
「在日」を生きる ある詩人の闘争史　金 時鐘／佐高 信
決断のとき――トモダチ作戦と涙の基金　小泉純一郎／取材・構成 常井健一
公文書問題 日本の「闇」の核心　瀬畑 源
大統領を裁く国 アメリカ　矢部 武

a pilot of wisdom

不敵のジャーナリスト 筑紫哲也の流儀と思想　佐高 信
騒乱、混乱、波乱！ ありえない中国　小林史憲
なぜか結果を出す人の理由　野村克也
イスラム戦争 中東崩壊と欧米の敗北　内藤正典
刑務所改革 社会的コストの視点から　沢登文治
沖縄の米軍基地「県外移設」を考える　高橋哲哉
日本の大問題「10年後を考える」――「本と新聞の大学」講義録　一色 清／姜尚中ほか
原発訴訟が社会を変える　河合弘之
奇跡の村 地方は「人」で再生する　相川俊英
日本の犬猫は幸せか 動物保護施設アークの25年　エリザベス・オリバー
おとなの始末　落合恵子
性のタブーのない日本　橋本 治
ジャーナリストはなぜ「戦場」へ行くのか ―取材現場からの自己検証　危険地報道を考えるジャーナリストの会・編
医療再生 日本とアメリカの現場から　大木隆生
ブームをつくる 人がみずから動く仕組み　殿村美樹
「18歳選挙権」で社会はどう変わるか　林 大介
3・11後の叛乱 反原連・しばき隊・SEALDs　笠井 潔／野間易通

「戦後80年」はあるのか ――「本と新聞の大学」講義録　一色 清／姜尚中ほか
非モテの品格 男にとって「弱さ」とは何か　杉田俊介
「イスラム国」はテロの元凶ではない グローバル・ジハードという幻想　川上泰徳
日本人 失格　田村 淳
たとえ世界が終わっても その先の日本を生きる君たちへ　橋本 治
あなたの隣の放射能汚染ゴミ　まさのあつこ
マンションは日本人を幸せにするか　榊 淳司
人間の居場所　田原 牧
いとも優雅な意地悪の教本　橋本 治
世界のタブー　阿門 禮
明治維新150年を考える ――「本と新聞の大学」講義録　一色 清／姜尚中ほか
「富士そば」は、なぜアルバイトにボーナスを出すのか　丹 道夫
男と女の理不尽な愉しみ　林 真理子／壇 蜜
欲望する「ことば」「社会記号」とマーケティング　嶋 浩一郎／松井 剛
ぼくたちはこの国をこんなふうに愛することに決めた　高橋源一郎
ペンの力　浅田次郎／吉岡 忍
「東北のハワイ」は、なぜV字回復したのか スパリゾートハワイアンズの奇跡　清水一利

集英社新書　好評既刊

哲学・思想——C

偶然のチカラ　植島啓司
日本の行く道　橋本治
新個人主義のすすめ　林望
イカの哲学　中沢新一　波多野一郎
「世逃げ」のすすめ　ひろさちや
悩む力　姜尚中
夫婦の格式　橋田壽賀子
神と仏の風景「こころの道」　廣川勝美
無の道を生きる——禅の辻説法　有馬頼底
新左翼とロスジェネ　鈴木英生
虚人のすすめ　康芳夫
自由をつくる　自在に生きる　森博嗣
不幸な国の幸福論　加賀乙彦
創るセンス　工作の思考　森博嗣
天皇とアメリカ　吉見俊哉　テッサ・モーリス・スズキ
努力しない生き方　桜井章一
いい人ぶらずに生きてみよう　千玄室
不幸になる生き方　勝間和代
生きるチカラ　植島啓司
必生《ひっせい》　闘う仏教　佐々井秀嶺
韓国人の作法　金栄勲
強く生きるために読む古典　岡敦
自分探しと楽しさについて　森博嗣
人生はうしろ向きに　南條竹則
日本の大転換　中沢新一
実存と構造　三田誠広
空《くう》の智慧、科学のこころ　ダライ・ラマ十四世　茂木健一郎
小さな「悟り」を積み重ねる　アルボムッレ・スマナサーラ
科学と宗教と死　加賀乙彦
犠牲のシステム　福島・沖縄　高橋哲哉
気の持ちようの幸福論　小島慶子
日本の聖地ベスト100　植島啓司
続・悩む力　姜尚中

a pilot of wisdom

心を癒す言葉の花束　アルフォンス・デーケン
自分を抱きしめてあげたい日に　落合恵子
その未来はどうなの？　橋本治
荒天の武学　内田樹／光岡英稔
武術と医術 人を活かすメソッド　甲野善紀／小池弘人
不安が力になる　ジョン・キム
冷泉家 八〇〇年の「守る力」　冷泉貴実子
世界と闘う「読書術」 思想を鍛える一〇〇〇冊　佐高信／佐藤優
心の力　姜尚中
一神教と国家 イスラーム、キリスト教、ユダヤ教　内田樹／中田考
伝える極意　長井鞠子
それでも僕は前を向く　大橋巨泉
体を使って心をおさめる 修験道入門　田中利典
百歳の力　篠田桃紅
釈迦とイエス 真理は一つ　三田誠広
ブッダをたずねて 仏教二五〇〇年の歴史　立川武蔵
「おっぱい」は好きなだけ吸うがいい　加島祥造

イスラーム 生と死と聖戦　中田考
アウトサイダーの幸福論　ロバート・ハリス
進みながら強くなる ――欲望道徳論　鹿島茂
科学の危機　金森修
出家的人生のすすめ　佐々木閑
科学者は戦争で何をしたか　益川敏英
悪の力　姜尚中
生存教室 ディストピアを生き抜くために　内田樹／光岡英稔
ルバイヤートの謎 ペルシア詩が誘う考古の世界　金子民雄
感情で釣られる人々 なぜ理性は負け続けるのか　堀内進之介
永六輔の伝言 僕が愛した「芸と反骨」　矢崎泰久・編
淡々と生きる 100歳プロゴルファーの人生哲学　内田棟
若者よ、猛省しなさい　下重暁子
イスラーム入門 文明の共存を考えるための99の扉　中田考
ダメなときほど「言葉」を磨こう　萩本欽一
ゾーンの入り方　室伏広治
人工知能時代を〈善く生きる〉技術　堀内進之介

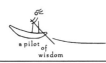

a pilot of wisdom

集英社新書　好評既刊

藤田嗣治 手紙の森へ〈ヴィジュアル版〉
林 洋子　044-V
世界的成功をおさめた最初の日本人画家の手紙とイラスト入りの文面から、彼の知られざる画業を描き出す。

決断のとき ――トモダチ作戦と涙の基金
小泉純一郎　取材・構成／常井健一　0919-A
政界引退後、原発ゼロを訴え、トモダチ作戦被害者基金を設立した、「変人」と呼ばれた元総理の初の回想録。

公文書問題 日本の「闇」の核心
瀬畑 源　0920-A
自衛隊の日報や森友・加計など、相次ぐ公文書の破棄・隠蔽問題。政府が情報を隠す理由とその弊害を解説！

したがるオスと嫌がるメスの生物学 昆虫学者が明かす「愛」の限界
宮竹貴久　0921-G
〝受精＝愛の成就〟の最も重要な決め手は何か。昆虫学者がオスとメスの繁殖戦略の違いを通して解き明かす。

私が愛した映画たち
吉永小百合　取材・構成／立花珠樹　0922-F
出演作品一二〇本、日本映画の最前線を走り続ける大女優が、特に印象深い作品を自選し語り尽くした一冊。

ＴＯＥＩＣ亡国論
猪浦道夫　0923-E
ＴＯＥＩＣのせいで間違った英語教育を受けている日本人に向けて大胆かつ具体的な身になる学習法を解説。

スマホが学力を破壊する
川島隆太　0924-I
七万人の子供を数年間調査してわかったスマホ長時間使用のリスクと成績への影響。全保護者必読の一冊！

「東北のハワイ」は、なぜＶ字回復したのか スパリゾートハワイアンズの奇跡
清水一利　0925-B
東日本大震災で被害を受け利用客が激減した同社がなぜ短期間で復活できたのか？　その秘密を解き明かす。

人工知能時代を〈善く生きる〉技術
堀内進之介　0926-C
技術は生活を便利にする一方で、疲れる世の中に変えていく。こんな時代をいかに〈善く生きる〉かを問う。

大統領を裁く国 アメリカ トランプと米国民主主義の闘い
矢部 武　0927-A
ニクソン以来の大統領弾劾・辞任はあるか？　この一年の反トランプ運動から米国民主主義の健全さを描く。

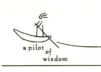